QUESTIONS

DE

MORALE PRATIQUE

ET POPULAIRE

PAR

C.-A. SALMON

Conseiller honoraire à la Cour de Cassation
Correspondant de l'Institut

PARIS
LIBRAIRIE HACHETTE ET Cie
79, BOULEVARD SAINT-GERMAIN, 79

QUESTIONS
DE
MORALE PRATIQUE
ET POPULAIRE

COULOMMIERS
Imprimerie Paul BRODARD.

QUESTIONS

DE

MORALE PRATIQUE

ET POPULAIRE

PAR

C.-A. SALMON

Conseiller honoraire à la Cour de Cassation
Correspondant de l'Institut.

PARIS
LIBRAIRIE HACHETTE ET Cie
79, BOULEVARD SAINT-GERMAIN, 79

AVERTISSEMENT

Quelques-uns des opuscules que je réunis en ce petit volume sous le titre de *Questions de morale pratique et populaire* ont déjà vu le jour, sous ce titre, dans des temps bien éloignés de ceux où nous vivons. Ce sont quelques-unes des instructions que, sous l'empire de la loi du 28 juin 1833, j'adressais de 1838 à 1848 sur la pédagogie, sur les devoirs des maîtres et sur les devoirs des hommes à des instituteurs primaires qui se réunissaient, en conférence, sous ma présidence. Ils s'en distinguaient, néanmoins, en ce que, ne rentrant pas étroitement dans un plan d'enseignement de la morale, ils s'en rapprochaient, pourtant, en s'appliquant à des situations particulières. Ils avaient pour objet de combattre, dans les campagnes et même dans les villes, certaines habitudes et certains préjugés au sein de familles qui appartiennent aux classes ouvrières et à la petite propriété. C'est là que ces habitudes et ces préjugés sont le plus enracinés; ils y causent souvent des souffrances d'autant plus cruelles que les victimes qu'elles atteignent n'ont pu les prévoir, qu'elles sont plus tentées de les cacher que de les révéler, et que les plaintes qu'elles feraient entendre éveilleraient peut-être la pitié, mais resteraient impuissantes à y apporter un remède.

Ce livre est la réimpression ou une édition nouvelle d'un livre qui a déjà vu le jour en détail sous le régime de la loi du 28 juin 1833. Quelques-uns des divers opuscules qui le composent ont été publiés en 1842; un autre les a suivis de près; l'étude sur les usages du Comté de Dabo date de la même époque. J'ai donné à trois de ces opuscules la forme du dialogue; elle se prêtait plus facilement que toute autre à l'expression des idées de morale pratique et populaire que je voulais porter à la connaissance des classes ouvrières; elle s'y accommodait si bien qu'il m'aurait été impossible de la changer.

QUESTIONS
DE MORALE PRATIQUE
ET POPULAIRE

CHOISISSEZ BIEN VOTRE ÉTAT
OU
ENTRETIEN SUR LE CHOIX D'UN ÉTAT

« La sagesse de l'homme prudent est de bien
« comprendre sa voie : l'imprudence des insensés
« est toujours errante. »

(*Proverbes*, chap. XIV, 8.)

« Qu'on le mette pastissier dans quelque bonne
« ville, feust-il fils d'un duc; suivant le précepte
« de Platon : « qu'il faut colloquer les enfants,
« non selon les facultés de leur père, mais selon
« les facultés de leur âme. »

(MONTAIGNE, *Essais*, liv. I, chap. XXV.)

« Celui qui a un métier a un fonds de terre, et
« celui qui a une profession a un emploi utile
« et honorable. »

(FRANKLIN, *Science du bonhomme Richard.*)

Le métier qu'on fait bien est toujours le meilleur.

(PONSARD, *l'Honneur et l'Argent*, acte IV, sc. IV.)

LE MAGISTRAT, L'AVOCAT, LE CURÉ, LE MÉDECIN ET LE LABOUREUR

Pendant un de ces beaux jours que l'automne nous donne encore, en octobre, pour recueillir les derniers fruits de la terre, un ancien magistrat, qui était allé achever dans les loisirs des champs, une vie dont jusque-là le cabinet et le prétoire s'étaient partagé tous les instants, et qui s'était laissé nommer maire de sa commune, pour ne pas rompre tout à fait la chaîne de ses services, avait réuni à dîner quelques personnes dont il faisait sa société habituelle. On voyait d'abord à sa table son fils, qui venait de terminer son droit, et se préparait à prendre sa place au barreau : plein de cœur, doué d'une imagination ardente et d'inclinations généreuses, ce jeune homme embrassait avec d'autant plus d'ardeur les principes de la philosophie la plus libérale, que les abus le révoltaient davantage. A côté de lui était placé le curé de la paroisse : ce prêtre était dans la maturité de l'âge ; il avait beaucoup lu, beaucoup vu et beaucoup réfléchi ; l'expérience l'avait disposé à accueillir avec une égale tolérance les opinions qui partagent les hommes ; il accordait des égards même à celles qui étaient le plus éloignées des siennes, et il avait puisé dans l'Évangile les principes d'une philosophie non moins libérale que celle de ses deux premiers interlocuteurs ; mais la foi religieuse avait prêté à cette philosophie quelque chose de simple et de pratique, de calme et de résigné, d'onctueux et de charitable, qui la faisait ressembler au bon sens, et qui l'appropriait davantage à la faiblesse et à l'imperfection de la nature humaine. Son voisin était un médecin, l'honneur de la science et l'apôtre de l'humanité : cet homme de bien soulageait toutes les douleurs et secourait toutes les misères; il avait prodigieusement étudié la philosophie et l'art qu'il pratiquait; mais chez lui, l'étude de l'une avait subi l'influence de l'autre; l'habitude d'observer les phénomènes de la nature avait introduit une rigueur et une sécheresse mathématiques dans ses raisonnements, et avait fait de lui un partisan de ces idées sociales, si avancées et si opposées à l'ordre établi, que le bouleversement du monde suffirait à peine pour les réaliser. Venait enfin un laboureur, homme de sens et de peine, qui travaillait pour lui et pour ses enfants et qui, voulant leur épargner les durs labeurs des champs, et oubliant ce qu'ils apportent avec eux de calme et de dignité, rêvait pour les siens un état exempt de fatigues, le repos du cabinet et la fortune sans soins et sans soucis. Depuis longtemps le dîner était terminé, mais la conversation les avait retenus autour de la table. Cependant ils s'en étaient levés; ils étaient descendus au jardin, où ils avaient fait une promenade, et, tout en causant, ils étaient allés successivement s'asseoir à l'ombre d'une charmille; là on avait repris la conversation : la réunion de tous ces personnages sur le même banc l'avait rendue générale, et une question du laboureur l'avait mise sur le choix que les jeunes gens doivent faire, de bonne heure, d'un état. Au lieu de m'approprier leurs réflexions et de mettre leurs discours dans ma bouche, je vais les laisser parler.

LE LABOUREUR

Il est doux d'être père, mais quand on a des places et de la fortune à donner à ses enfants.

LE MAGISTRAT

Croyez-moi, il y a quelque chose qu'il vaut mieux leur laisser, des sentiments honnêtes et une profession utile.

LE LABOUREUR

Si l'on n'avait qu'un enfant, on pourrait encore aisément l'établir; mais comment, de nos jours, songer, sans désespoir, à en placer quatre ou cinq? On travaille, on économise, on s'impose des privations, on envoie ses fils à l'école ou au collège, et puis, quand on leur a donné de l'instruction, ils ne savent plus qu'en faire. Vous vous mettez en quête d'une petite place pour le premier; vous recourez à des protecteurs, vous frappez à toutes les portes, et il obtient à la fin un mince emploi dans un bureau. Mais vous ne pouvez espérer la même faveur pour tous les autres; ils s'adressent en vain à toutes les carrières, elles sont obstruées par les solliciteurs, et la voie qui y conduit est tellement encombrée de concurrents, que l'on y compte les prétendants par centaines, et que la préférence accordée au mérite y ressemble à la faveur. Le sujet même qui l'emporte y végète dans une médiocrité qui approche du besoin : c'est au point que l'homme, qui achète les emplois que les lois permettent de vendre, y sème en vain son or et sa peine, il n'y recueille plus la fortune et le repos. En vérité, messieurs, le bonheur d'être père est bien court; il s'évanouit avec les premières années de nos enfants, et à mesure que leur avenir se rapproche de nous, nous sentons que notre cœur est fait pour contenir moins de joie que d'inquiétude et de chagrin; car il ne suffit plus à mon fils d'être probe et instruit, il faut encore que le sort soit pour lui.

L'AVOCAT

Dites l'intrigue et la protection, c'est-à-dire, les deux moyens les moins honnêtes et les plus humiliants de parvenir. La protection honore quand c'est une justice éclairée qui l'accorde, et le mérite qui l'obtient; mais, en est-il ainsi de nos jours? La protection n'est-elle pas le privilège de la fortune ou de ces hommes qui, n'ayant ni foi ni loi, ont successivement adopté et renié toutes les opinions, embrassé et abandonné tous les partis, servi et trahi toutes les causes; apôtres et renégats de toutes les religions, ils n'ont usé du pouvoir que pour persécuter ceux qui ont été assez malheureux pour avoir des convictions, ou récompenser la bassesse et le zèle de ceux qui ont servi d'instruments à leur haine, et de marchepied à leur ambition. La confiance du gouvernement, les emplois dont il dispose, les faveurs qu'il distribue, les bienfaits qu'il répand, sont-ils le prix d'autre chose que de l'incapacité remuante et de l'intrigue éhontée? Croisez-vous les bras et voyez faire le monde; épiez l'emploi qui vaque, ceux qui le recherchent ouvertement, ceux qui rampent dans l'ombre pour le surprendre, l'audace des uns, les manœuvres des autres; interrogez le savoir, sondez la conscience, pesez les droits de celui à qui il vient d'échoir, et dites-moi si les hommes qui en disposent ne le laissent pas tomber dans les mains du plus habile et du moins digne. Je partage vos soucis, je m'associe à vos plaintes, ô vous pour qui la paternité a mêlé ses douceurs de tant d'amertumes! Vous signalez de grands maux, mais ils ne sont pas sans remède; la France est couverte d'un peuple innombrable, mais elle a encore du travail pour tous les bras, du pain et une place au soleil pour tous ses enfants. Introduisez la justice dans ses conseils, proclamez le règne de la capacité, et vous verrez, dans cet empire immense, les agitations s'apaiser, l'ordre se rétablir, l'aisance devenir l'hôte de toutes les chaumières, et le contentement se peindre sur toutes les figures.

Ainsi la faveur ne sera plus pour rien dans la distribution des emplois; le moindre d'entre nous obtiendra celui qu'il peut remplir, ses efforts ne seront pas perdus, il sera récompensé suivant la mesure de son mérite; enfin l'harmonie gouvernera notre pays, et tout le monde vivra heureux et tranquille.

LE MÉDECIN

Vous appelez le règne de la capacité, j'appelle avec lui celui de l'égalité, qui doit en être inséparable : ce n'est pas assez que la société nous emploie suivant nos facultés : les places ne sont pas les seuls avantages dont elle dispose; il est d'autres biens qu'elle possède, d'autres jouissances qu'elle procure; elle ne sera juste et n'aura rempli la première condition de son existence que lorsque, les mettant en commun, un partage égal les répartira dans la même proportion entre tous ses membres. Un homme naît avec un caractère ferme, une haute intelligence et l'amour de ses semblables; dès qu'il apparaît, ses contemporains n'ont qu'à l'écouter et à marcher sous sa conduite : le ciel l'a fait pour les gouverner; il trouvera là sa gloire et la seule jouissance à laquelle le reste de l'humanité ne participera pas avec lui. Mais regardez-le de plus près, il n'a pas un sens de plus que nous, il a les mêmes besoins, et il lui faut aussi peu pour les satisfaire qu'au dernier de ceux qui lui obéissent : un repas frugal apaisera sa faim, l'habit de bure, le toit de chaume, le foyer champêtre et la couche de l'artisan offriront à son corps un vêtement aussi mol, un couvert aussi sûr, une chaleur aussi douce et un sommeil aussi profond que les palais des grands et tout l'attirail du luxe qu'ils y étalent : j'admettrai donc que l'homme occupe une position qui variera suivant le degré de son intelligence, pourvu que tous, dans celle qui leur est respectivement assignée, trouvent, pour leur corps, une part égale des avantages matériels qui composent l'avoir de la société. L'Hôpital, notre grand chancelier, n'était pas moins grand, avec les mets simples que sa femme avait placés sur sa table et le pain qu'elle avait pétri pour lui de ses mains, que les ministres de Louis XIV, avec les festins splendides que cinquante valets avaient dressés pour eux sous les lambris de Versailles : nous sommes plus émus du vertueux Bailly, allant à pied aux Tuileries, que de l'empereur parvenu, se rendant, escorté de vingt rois, au temple où il doit être couronné : la simplicité de l'un n'enlève rien à son mérite, le faste de l'autre n'ajoute rien à son génie, qui ne paraît jamais si grand que lorsqu'il est dégagé de la pompe sous laquelle il se dérobe à nos yeux.

Le pouvoir a donc son prix en lui-même, dans le bien qu'il fait, le but qu'il atteint; mais, quant aux biens matériels, ils ne sauraient payer l'homme supérieur de l'usage qu'il a fait de ses facultés pour accomplir une destinée qui devenait pour lui un devoir et une nécessité. Ne serait-ce pas blesser la raison que de lui en attribuer plus qu'il n'en peut consommer, et lui créer des vices que de lui donner un superflu? Imitez la nature en la satisfaisant : vous risquez de la corrompre si vous la rendez plus exigeante. L'esprit a un besoin d'action qui ne reconnaît presque aucunes limites; vous lui obéirez en étendant le champ dans lequel il lui sera permis de s'exercer : les besoins du corps sont bornés, précisément parce que, chez tous, ils sont les mêmes : renfermez-le donc rigoureusement dans les biens où il devra puiser son aliment. Savez-vous maintenant d'où vient le malaise qui travaille la société? Apercevez-vous la source du mal qui la dévore? Ne cherchez pas la solution du problème ailleurs que dans l'oubli de ces deux faits, de ces deux conditions de l'existence humaine que je viens de vous signaler : il n'y a tant d'hommes que la fortune a corrompus, que la pauvreté et la faim ont fait souffrir et dégradés, que parce qu'on a accordé à quelques-uns plus de pouvoir qu'ils n'en pouvaient porter, ou qu'on leur en a confié un autre que celui qu'ils pouvaient manier; que parce que l'usurpation de la puissance a amené celle des richesses, et que, si, dans un ordre de choses où l'harmonie résulte de l'équilibre des besoins et des moyens de les satisfaire, il en est qui possèdent trop, de toute nécessité il en est d'autres qui ne possèdent pas assez. Ainsi j'adhère aux plaintes que nous venons d'entendre, je reconnais toute la profondeur de la plaie sociale que la main de notre jeune ami a mise à découvert; mais ne croyons pas la fermer en détournant les yeux pour ne pas la voir, ou guérir entièrement le mal en le calmant : la douleur qu'on endort se réveille plus vive [1]; le corps qui souffre ne sera hors de danger que lorsque vous aurez cherché le germe de sa maladie, et qu'après l'avoir trouvé vous l'aurez détruit. Puisque la société n'offre que le désordre aux regards de celui qui l'observe, puisque son état accuse les symptômes d'un mal profond qui finira par éclater et la dissoudre, essayons, par un sérieux retour à la vérité, de la faire sortir de cette situation anormale et de la sauver d'un péril imminent, en la rétablissant sur les principes qui doivent la diriger. Loin de moi la pensée d'y revenir tout d'un coup; je ne demande qu'une chose, c'est que nous l'arrêtions sur le bord du précipice et que, laissant au temps le soin de tout redresser et de tout consolider, seulement, à partir de ce jour, tous nos efforts tendent à la ramener dans cette voie régulière, où l'action incessante de la raison suffira pour la conduire.

1. « Il n'y a point de personne, si disgraciée de la nature, qui ne pût trouver dans l'ordre du monde une place proportionnée aux forces de son esprit et de son corps; mais le peu de connaissance qu'on a de soi-même est cause que la plupart des gens font un mauvais choix. » (Nicole, *de la Connaissance de soi-même*, chap. IX.)

LE MAGISTRAT

Je prends plaisir à vous entendre, et, bien que dans vos critiques et dans vos plans de réforme, le faux se mêle au vrai, un peu de bon sens à beaucoup de déclamation, je me serais bien gardé de vous interrompre si vous ne vous étiez arrêté de vous-même. Il y a toujours à gagner pour la vérité à voir l'erreur se produire; on ne la dissipe que quand elle s'est montrée; il faut qu'elle ait des organes pour qu'on la réduise au silence. D'ailleurs, chacun de vous a agrandi la question, et, en la présentant sous toutes ses faces, vous en avez, plus que vous ne croyez, hâté la solution.

Vous dites que l'homme doit trouver ici-bas l'emploi de sa capacité et la satisfaction de tous ses besoins : il apportera d'un côté, il recevra de l'autre; mais où et au profit de qui se fera cet échange de services mutuels.

L'AVOCAT

Dans la société et au profit de tous ceux qui la composent.

LE MAGISTRAT

L'homme est donc né sociable!

LE MÉDECIN

Nous n'avons pas d'intérêt à le contester.

LE MAGISTRAT

Vous le contesteriez qu'il serait facile de le prouver. Il est en même temps doué d'une raison si puissante et d'organes si parfaits que c'est dans la société seule qu'il peut les exercer. Tous les animaux naissent pourvus de moyens suffisants de conservation, et il ne leur faut pas autre chose que l'instinct, seul, sans étude et sans apprentissage, pour leur enseigner à s'en servir au moment même où ils en éprouvent pour la première fois le besoin. L'homme, au contraire, naît tributaire de lui-même et de ses semblables; il mourrait si, pendant une partie de sa vie, ceux qui lui ont donné le jour ne veillaient à sa conservation; devenu assez fort pour y pourvoir lui-même, il n'y parviendrait pas si la réflexion ne lui en faisait rechercher, dans les objets extérieurs, les moyens, qui varient suivant chaque pays, chaque climat, chaque saison de l'année, et presque chaque jour et chaque individu.

Le petit de la brute a-t-il atteint le terme de sa croissance, il s'éloigne de sa mère sans regrets; tous deux se quittent un jour pour ne plus se revoir, s'oublient le lendemain, et désormais se rencontrent sans se reconnaître.

L'homme, au contraire, s'attache à son enfant; l'âge augmente cet attachement au lieu de le diminuer, il faut que la mort les arrache l'un à l'autre pour qu'ils se séparent, et celui qui survit pleure celui qui a succombé, jusqu'à ce qu'il le rejoigne dans la tombe.

L'animal ignore qu'il doit mourir, l'homme sait qu'il doit cesser de vivre; souvent il prévoit sa fin et la retarde; il la sent lorsqu'elle devient inévitable, et il s'y prépare.

Enfin l'animal ne sait d'où il vient; il ne possède que l'instinct ou qu'une raison incapable de progrès, et il n'a pour communiquer avec les êtres de son espèce, qu'un cri aussi borné que cet instinct, aussi peu que lui susceptible de perfectionnement. L'homme a une raison qui s'accroît des progrès de celle de chaque individu, et le langage, qui est l'instrument et le lien de la société; il en recherche l'origine et la cause; il s'élève jusqu'à l'idée de Dieu, jusqu'à celle du bien et du mal, jusqu'à celle d'une autre vie, où seront récompensées ses bonnes actions, où seront punies les mauvaises; car il les raisonne, les pèse, les apprécie, et sent qu'il est libre de les accomplir ou de renoncer à les exécuter.

LE MÉDECIN.

Où tend cet énoncé de vérités que nul de nous ne révoque en doute?

LE MAGISTRAT

A établir les principes à l'aide desquels je vais rectifier vos erreurs. Je ne vous demande plus qu'une concession, c'est que l'organisation de l'homme est extrêmement variée, soit au physique, soit au moral ; je n'examine pas s'il naît bon ou méchant, ou l'un et l'autre à la fois, mais vous m'accorderez que, dans son espèce, les intelligences diffèrent autant que les personnes ou les êtres corporels ; que souvent il y a entre deux esprits une distance égale à celle qui sépare l'image du crétin de l'Apollon du Belvédère, et que ce fait, démontré par l'expérience de tous les instants de la vie, est devenu une des lois fondamentales de la nature humaine.

LE MÉDECIN

Nous l'accordons.

LE MAGISTRAT

Résumons donc les points que nous avons établis : l'homme naît raisonnable, libre, doué d'organes dont la perfection varie d'individu à individu autant que les facultés de l'esprit qu'ils sont destinés à servir ; dès lors son aptitude et ses besoins varient de même puisqu'ils n'en sont que la conséquence ; de plus, et même pour cette raison, il naît sociable, c'est-à-dire, avec l'esprit de famille et l'esprit de société. Ces deux penchants sont, chez lui, si prononcés qu'ils créent naturellement autour de lui les deux genres d'associations qu'ils ont pour objet, et dans le sein desquelles il doit vivre; que son action peut les dissoudre, mais qu'elle n'est pas indispensable pour les produire, et qu'en supprimant l'une ou l'autre, on le détourne de la destinée qui l'appelle, on lui dérobe les jouissances que sa nature lui promet, on le contraint à dégénérer, en s'abrutissant, et on le dégrade, en le plongeant dans la barbarie.

Maintenant, essayez d'assigner à chacun de nous un rôle en rapport avec son intelligence, et une part des avantages sociaux proportionnée à ses besoins; vous serez obligé de reconnaître qu'il n'est peut-être pas deux hommes sur dix qui puissent remplir le même emploi, ou exercer la même profession; dont les besoins et les appétits s'apprécient par la même mesure, ou se contentent des mêmes moyens de satisfaction. L'un ne saura faire œuvre que de ses mains, l'autre ne pourra servir la société que par son intelligence; le premier, solide et robuste, se repaîtra avec délices d'une nourriture simple et grossière; le second, faible et délicat, demandera impérieusement des aliments choisis; le mouvement de la ville, les agitations de la place publique, l'activité du commerce, les voyages et leurs contrastes continuels, la guerre et ses glorieux périls seront l'élément de celui-ci; celui-là sera né pour la vie contemplative du cloître et du cabinet, où les travaux de l'esprit l'absorberont tout entier, tandis qu'un autre ne trouvera son bonheur que dans les douceurs de la famille et près du foyer domestique. Ces positions varient, les besoins qui en naissent diffèrent, vous serez injuste si vous n'accordez à chacun qu'une somme égale des choses qui sont nécessaires à leur satisfaction. Il faut donc renoncer à l'égalité de leur partage, et consentir à une répartition des biens de la terre, qui sera soumise à autant d'accidents que la distribution des professions et des emplois : vous l'admettez sans doute, mais si vous voulez qu'elle soit imposée à l'homme comme une loi, à laquelle il devra s'asservir aussi étroitement que l'animal à l'instinct, quelle sera la garantie de l'équité de ce partage et de la soumission des membres de la société qui devront s'y soumettre? Où trouver les hommes assez justes pour l'opérer avec impartialité, assez raisonnables pour l'accepter sans murmure, assez puissants pour le faire observer partout et dans tous les temps; cependant vous entreprenez aujourd'hui, malgré tant de difficultés, ce partage que Lacédémone ne put maintenir et que Rome n'osa tenter : les ressentiments de la veille, les affections du jour, les passions de toute la vie, la dureté qui repousse le faible, la faiblesse que le fort intimide, la prévention qui s'égare, l'esprit faux qui ne suit que l'erreur, la bizarrerie qui ne cède qu'à ses caprices, y introduiront une injustice dont vous allez vous plaindre à l'instant : toutefois votre œuvre est achevée; mais le désordre ne tarde pas à l'envahir : l'homme prodigue vend son lot pour jouir, l'homme avide de gain l'achète pour le revendre, l'avare l'attend pour s'accroître ou l'entasser, et le commerçant pour s'enrichir. Le paresseux, certain d'obtenir sans avoir mérité, n'est utile à personne et vit des sueurs de tout le monde. La propriété que vous avez viagèrement immobilisée se déplace, la force ne suffit plus pour la fixer dans les mains qui la possèdent, ou l'empêcher de parvenir dans celles qui la recherchent; la soif de s'agrandir l'ébranle, la possession elle-même la corrompt, l'impuissance la désarme, et une inégalité clandestine a pénétré dans cette constitution despotique que vous aviez organisée au nom de la justice.

Savez-vous quel en était le vice? c'est que

vous ne teniez aucun compte de ce stimulant, de l'émulation, qui anime tous les efforts de l'homme, et qui fait que, sentant le prix de ses travaux, il se complaît dans ce qu'il crée et s'attache à ses œuvres; de cet amour des siens qui s'occupe sans cesse de leur bien-être, et de cet esprit de prévoyance qui, s'étendant jusqu'à sa dernière postérité, le porte à amasser pour accroître son aisance et la mettre à l'abri du besoin; de ce désir de faire le bien, qui est le penchant de tant d'âmes généreuses et qui les rend toujours pauvres parce qu'elles donnent sans cesse et qu'elles n'ont jamais assez à donner; c'est qu'enfin vous négligiez la liberté morale, le plus beau présent que l'homme ait reçu du ciel. Sans doute il ne lui est pas loisible de s'abandonner à tous les excès et de préférer le crime à la vertu; mais une fois que la loi a imposé à la plus énergique de ses facultés ces utiles entraves, qui l'empêcheront d'en abuser, et que la tranquillité de tous et de chacun est assurée, il lui doit être permis d'embrasser la carrière qui entrera dans ses goûts, de faire ce qui lui plaira, d'acquérir les biens dont la possession aura pour lui des attraits, d'en user comme ses appétits le lui suggéreront, et de les conserver aussi longtemps qu'il le jugera convenable. Certes l'abus n'est pas chose innocente, mais dès que personne n'en souffre, il n'en répond qu'à la morale et à la religion.

Renonçons donc à ces idées de vie commune, à ces systèmes égalitaires qui n'amèneraient que le désordre, qui désenchanteraient la société humaine en la réduisant à l'uniformité, qui flétriraient la vertu, en la soumettant à la contrainte, qui dessécheraient le cœur en étouffant les meilleurs de ses instincts, qui le déshériteraient de ses trésors, en lui enlevant la famille, et qui, en brisant le lien conjugal, détruiraient à jamais ces nobles élans qui produisent l'amour maternel et la piété filiale.

Ainsi, au point où nous sommes arrivés, l'homme exerce la profession que lui assigne son aptitude, et possède ce que la société n'a pas dû indispensablement se réserver ; il ne s'agit plus que de savoir comment elle partagera cette réserve, et auxquels des biens de ces deux espèces, de ceux qu'elle détient et des emplois qu'elle dispense, de ceux que les particuliers possèdent et des états qu'ils peuvent librement embrasser, nous devons, en consultant nos goûts et suivant notre volonté, donner la préférence.

La profession qui déterminera notre choix est

celle que nous sommes le plus capable de remplir; la plus honorable celle où, la remplissant comme elle l'exige, nous rendons le plus de services à la société, à notre famille et à nos amis [1]. On doit donc juger une position, non pas par ce qu'on en pense communément, car l'erreur et les préjugés n'égarent que trop souvent l'opinion publique, mais en elle-même, eu égard au degré d'intelligence qu'elle suppose, et à l'étendue du bien qu'elle donne à celui qui l'occupe les moyens d'accomplir. Il faut y voir, non l'éclat dont elle est entourée, les préséances qu'on y attache, les broderies dont elle vous couvre, les envieux qu'elle vous fait, mais la gravité des devoirs qu'elle vous prescrit, l'importance de la tâche qu'elle vous impose, la grandeur des résultats qu'attend de vous celui qui vous la confie [2].

1. « N'ayez point honte d'exercer des métiers, ne méprisons point le travail des mains; méprisons plutôt l'oisiveté et la paresse. » (Saint Jean Chrysostome, Homélie in illud : *Salutate.*)

2. « D'abord il faut examiner, pour ainsi dire, les titres de ce qui prétend ordonner de notre bonheur; peu de choses soutiendront cet examen, pour peu qu'il soit rigoureux. Pourquoi cette dignité que je poursuis m'est-elle si nécessaire? C'est qu'il faut être élevé au-dessus des autres. Et pourquoi le faut-il? C'est pour recevoir leurs respects et leurs hommages. Et que me feront ces hommages et ces respects? Ils me flatteront très sensiblement. Et comment me flatteront-ils, puisque je ne les devrai qu'à ma dignité, et non pas à moi-même? » (Fontenelle, *du Bonheur.*)

Ceci seul a une valeur positive et mérite que l'honnête homme s'y arrête; le reste n'est qu'un vain et futile accessoire, qui ne saurait, à moins de la rabaisser, fixer sa légitime ambition. Un emploi n'est pas toujours plus honorable qu'un autre parce que l'État confère le premier, et que le second dépend d'un particulier; toutes les positions que la société nous fait ne comportent pas une haute utilité, et il en est que nous tenons des particuliers, où le bien que nous pouvons faire n'a pas de limites. Qui oserait comparer ce que le pays doit à l'humanité du médecin qui parcourt nuit et jour les campagnes, pour y soigner les indigents, et au dévouement de l'humble sœur qui surveille une salle d'asile, avec les services qu'il reçoit de l'homme qu'il pourvoit d'une sinécure, et de l'employé qui s'occupe d'un travail d'ordre dans les bureaux d'une administration, fonctionnaires modestes, qui tous deux cependant auraient précédé Pascal et Montyon dans les cérémonies publiques. La position ni de l'un ni de l'autre n'est à mépriser : elle a droit à nos respects, puisqu'elle procède de la loi qui l'a créée; mais si vous voulez savoir le degré d'estime ou de considération que vous devez leur accorder, attachez-vous à les juger par leurs œuvres, et non par la pompe qui les met en relief ou l'obscurité dans laquelle ils semblent ensevelis.

Sans doute, on dit qu'il se trouve plus de quiétude dans les fonctions publiques, qu'il réside plus de sécurité dans les avantages matériels qui s'y attachent; en apparence ceux qui les occupent sont moins tourmentés par les soucis de l'avenir : ils peuvent, pourvu qu'ils les remplissent exactement, s'enveloppant de calme et d'insouciance, s'y endormir dans une tranquillité profonde, bien sûrs de s'éveiller le lendemain ce qu'ils étaient la veille, et du moment qu'ils en ont été revêtus, il leur est facile de fixer, à l'avance, le jour où, exempts de tous soins, et grâce à une pension, il leur sera permis de jouir, dans la retraite, des loisirs qui composeront le reste de leur vie; mais elles ont aussi leurs peines et leurs dangers, et la fortune qui les donne a des retours qui accusent son infidélité. Elle nous envoie les événements qui nous les apportent et qui nous les retirent, les maîtres capricieux qui nous desservent après les supérieurs faciles qui nous ont aidés de leur crédit; une soif ardente d'avancer dans la carrière que nous suivons, après le désir impatient d'y entrer; c'est beaucoup et ce n'est rien à côté de la représentation qui ruine, de la cupidité qui recherche les profits illicites, des offres séduisantes qui corrompent le préposé, de la mollesse et de la négligence qui énervent le magistrat, de la passion qui irrite l'administrateur, de la haine qui lui conseille l'iniquité, du zèle qui compromet le pouvoir, du mensonge qui le trompe, de l'erreur qui l'égare, de l'imprévoyance qui l'expose, de la faiblesse qui le déconsidère, et de mille accidents, à ne citer que les révolutions, qui font descendre le fonctionnaire plus rapidement que son mérite ou la faveur ne l'avait fait monter. La profession du simple artisan a moins de périls et promet plus de bonheur, si l'homme qui l'exerce l'a choisie par goût, s'il l'a apprise avec soin, s'il met à son service toutes les forces, toute l'intelligence qu'il a reçues de Dieu, surtout si sa vie est réglée, s'il s'est fait une loi de l'exactitude, si l'ordre et l'économie président à l'emploi de son temps et de ses profits, s'il modère ses appétits et s'il entretient constamment l'équilibre entre ses besoins et ses ressources [1]. D'ailleurs cette considération et ces honneurs dont on entoure les fonctions publiques, que sont-ils pour l'homme qui les remplit,

1. « Il n'y a pas de place plus inamovible qu'un état honorable exercé honorablement. » (M. Dupin aîné.)

que peuvent-ils pour son véritable bonheur[1]? Un jour ils le flattent, le lendemain ils le trouvent indifférent, parce qu'il s'y habitue; il y aspire, et il s'en contentera s'il les obtient; il les possède et ils ne lui suffisent plus; mais enfin il s'installe dans cet emploi qu'il a si ardemment désiré, et l'homme modeste de tout à l'heure n'est plus le même l'instant d'après; il s'enfle de vanité, il s'enivre d'orgueil, il s'exagère son propre mérite, et ces prétentions qu'il affecte lui aliènent ses amis, et lui font autant d'ennemis de ceux qu'elles ont froissés dans leurs intérêts, ou blessés dans leurs susceptibilités. Méprise grossière! illusion funeste qui l'abuse! Ces hommages qu'il recueille, ils s'adressent moins à l'homme qu'aux fonctions, et si vous voyez la foule s'ouvrir avec respect à son approche, c'est moins devant lui que devant le pouvoir social, dont il est la personnification, qu'elle se courbe et s'incline. Au fond du cœur de tous ces citoyens, qui lui témoignent ces déférences, vous trouverez peut-être, si vous y pénétrez, moins d'estime pour lui que pour cet humble artisan qui passe inaperçu, mais qui, du matin au soir,

1. « C'est une vanité d'aspirer aux honneurs, et de s'élever aux premières places. » (*Imitation de J.-C.*, liv. I, chap. I, verset 4.)

anime, par son exemple, un atelier où il emploie, où il nourrit dix pères de famille; qui élève ses enfants du produit de son travail, et porte, partout depuis l'habitation du riche jusqu'à la chaumière du pauvre, des aisances et des commodités inconnues avant lui. Croyez-le bien, mon fils, la raison vous le dit, quelque part qu'il soit, l'homme ne vaut que par ce qu'il peut et par ce qu'il fait; il n'obtient de juste considération que celle qui est le prix des services qu'il rend à ses semblables, et celle-là s'attache à tous les emplois, à tous les métiers, et se partage entre eux, suivant le degré de mérite de ceux qui les exercent.

Tenons donc pour certain que l'homme ne doit pas plus rechercher une place ou embrasser une profession au-dessus de son intelligence et de son instruction, que porter un fardeau au-dessus de ses forces [1]. Vous vous préoccupez de l'avenir de vos enfants, mon digne voisin : je vous devine, instruit par votre expérience des peines de la vie, vous savez ce que vous a coûté de travail la petite fortune que vous vous êtes amassée, et dans votre tendresse prévoyante, vous voudriez leur procurer des emplois où, pourvus d'un bon traitement, astreints seule-

1. « Ne recherche point ce qui est trop au-dessus de toi. » (*L'Ecclésiastique*, chap. III, verset 22.)

ment à un petit nombre d'occupations réglées, ils pourraient jouir en paix du bien que vous leur laisserez, et goûter un peu de ces honneurs qui mettent en évidence et attirent la considération. Erreurs et préjugés : croyez-m'en, l'habit brodé couvre plus de misères que la bure, et le fisc est une terre ingrate où rien ne croît le plus souvent pour celui qui l'exploite, tandis que l'abondance, récompensant vos sueurs, germe toujours dans le sillon que vous tracez. L'employé gagne plus que vous, mais il dépense davantage; quand il a satisfait au luxe du logement, du mobilier, de l'habit, de la table et de la représentation, il lui reste moins d'écus à porter à la caisse d'épargne, qu'à vous, votre famille entretenue, votre fermage, vos domestiques et vos ouvriers payés, de pièces d'or à mettre en dépôt chez le notaire. Mille professions s'ouvrent autour de vous pour vos enfants, qui les accueilleront après un court apprentissage, et leur rendront la fortune en échange du travail, s'ils vont à elles par goût, s'il joignent, en les exerçant, la bonne conduite à l'aptitude [1];

1. « Aimons notre état, c'est le moyen le plus assuré d'y réussir et de s'y trouver heureux. » (M. Dupin aîné.) — « Aime l'art que tu as appris; c'est là qu'il faut t'arrêter : ce qui te reste de vie, passe-le en homme qui a remis aux dieux, du

mais il n'est tout au plus qu'une place ou deux auxquelles puisse aspirer un jeune homme qui a préféré la carrière des emplois publics à la charrue de son père; heureux encore quand, résolu à solliciter toute sa vie, et admis d'abord aux honneurs d'un long surnumérariat, il en obtient une, à force d'intrigue et de protection.

L'homme des champs marie toujours ses filles, si elles ont reçu quelque instruction, si les leçons et l'exemple de leur mère les ont également habituées aux travaux de la terre et à ceux de la maison : que fera des siennes l'employé, qui leur a donné une éducation ruineuse pour leurs parents et pour leurs maris? il ne trouvera point de gendres, parce qu'il n'a pas de dots à leur offrir, et il ne verra que trop souvent le célibat et le libertinage se faire de sa nombreuse famille une part plus grande que le mariage.

Quand un enfant vous naît, à vous cultivateurs, ne dites pas j'en ferai un percepteur, un régent, un prêtre, un homme de loi, et n'allez pas inconsidérément lui donner une éducation qui doit le rendre propre à tout et ne le conduire à rien. Vous ne faites pas d'un brin de tremble

fond du cœur, le soin de ses affaires; ne te fais ni le tyran, ni l'esclave d'aucun homme au monde. » (Marc-Aurèle, *Pensées*, liv. IV, n° 31.)

un levier; avant d'y employer les reins vigoureux du chêne, vous examinez quelle charge il pourra supporter : de même, avant de dire à quoi vous destinez votre fils, recherchez son aptitude, voyez à quoi il est propre : s'il recèle l'intelligence d'un Laplace ou d'un Newton, le génie d'un Bossuet ou d'un Racine, s'il porte dans son sein le cœur d'un La Tour d'Auvergne, ou d'un Vincent de Paul, n'en faites pas votre successeur ou le rival du charron, votre voisin : sacrifiez toute votre fortune, s'il le faut, et envoyez votre fils à l'Institut qui le réclame, à l'Église, à qui le ciel l'a promis, aux lettres qui l'attendent, à l'armée qui revendique déjà sa gloire; mais si vous ne remarquez en lui que des facultés médiocres, confiez-le à l'enseignement primaire, qui lui apprendra ce que personne ne peut plus ignorer, ce sans quoi on ne peut utilement exercer aucune profession : la connaissance de la morale et de la religion, de la langue et de l'écriture, du calcul et de la géographie, et faites un artisan éclairé de l'enfant dont vous n'auriez fait qu'un employé vulgaire [1]. Il n'y a

1. Soyez plutôt maçon, si c'est votre talent,
Ouvrier estimé dans un art nécessaire,
Qu'écrivain du commun et poète vulgaire.
(BOILEAU, *Art poétique*, chap. IV.)

que trop d'hommes ignorants et incapables dans les arts libéraux, que trop peu d'hommes intelligents et éclairés dans l'agriculture et dans les professions manuelles. Ne nous y trompons pas, mon fils, il faut dix fois plus de talent pour faire un bon ébéniste qu'un commis de la douane, et il est plus facile de libeller une requête que de conduire l'exploitation d'une ferme importante. Un peu de droit et beaucoup de pratique, la connaissance du calcul et de trois ou quatre lois de finances, il n'en faut pas davantage au juge de paix, à l'avoué et au receveur de l'octroi : ce ne sera pas trop pour l'horloger ou le cultivateur, l'un de réunir spécialement une dextérité parfaite et des notions très étendues de la plupart des sciences mathématiques; l'autre de posséder les éléments des sciences naturelles et de connaître à fond la science agricole, et tous deux d'être doués de cette sûreté de coup d'œil, de ce talent d'observation, sans lesquels on ne peut espérer de se livrer avec succès à l'exercice d'une mécanique aussi délicate que l'horlogerie, ou d'une profession aussi variée que celle du cultivateur [1].

1. « Le mépris qu'on a pour les arts mécaniques semble avoir influé jusqu'à un certain point sur leurs inventeurs même.... Cependant c'est peut-être chez les artisans qu'il

Vous qui n'avez pas de fortune à laisser à vos enfants, vous ne pouvez leur faire de plus funeste présent que celui d'une éducation littéraire, qui leur inspirera un dédain profond pour ces professions manuelles où ils auraient trouvé l'aisance à la suite du travail, et le bonheur dans la médiocrité. « Des parents mal conseillés croient rendre un grand service à leurs enfans, en leur faisant faire des études libérales, pendant qu'eux-mêmes, voués à de rudes travaux, ne peuvent assurer à leur enfants une autre carrière. Ceux-ci, au sortir de leurs études, ne considèrent qu'avec dédain la profession de leurs parents ; ils aspirent vaguement à des occupations plus relevées, sans pouvoir cependant y atteindre. Mécontents du présent, incertains de l'avenir, ils sont à charge à la société, comme à leurs familles, et importuns à eux-mêmes [1]. »

« Pour quelques talents heureux que l'instruc-

faut aller chercher les preuves les plus admirables de la sagacité de l'esprit, de sa patience et de ses ressources.... Il a fallu une longue suite de siècles pour porter les montres, par exemple, au point de perfection où nous les voyons.... Pour ne point sortir de l'horlogerie, pourquoi ceux à qui nous devons la fusée des montres, l'échappement et la répétition, ne sont-ils pas aussi estimés que ceux qui ont travaillé successivement à perfectionner l'algèbre? (D'Alembert, *Discours préliminaire de l'Encyclopédie.*)

1. De Gérando, *Cours normal des Instituteurs primaires* 15e entretien, p. 234.

tion scientifique et classique développe et arrache utilement à leur condition première, combien de médiocrités y contractent des goûts et des habitudes incompatibles avec la condition où il leur faudrait retomber, et sorties une fois de leur sphère naturelle, ne sachant plus quelle route se frayer dans la vie, ne produisent guère que des êtres ingrats, malheureux, mécontents, à charge aux autres et à eux-mêmes [1]. »

L'effet inévitable d'une éducation qui dépasse les facultés de ceux qui la reçoivent, est d'exagérer, à leurs yeux, leur propre mérite, de leur faire croire à une importance qu'ils n'ont pas, d'allumer dans leur sein cette soif de pouvoir et de distinctions, cet amour des richesses, des jouissances du luxe et des plaisirs des sens et de l'esprit, qui, pour se satisfaire, corrompent le cœur, égarent la raison, flétrissent le caractère en le pliant à l'intrigue, et l'aigrissent en exposant l'outrecuidance à des déceptions. Présent funeste, que l'instruction donnée ainsi sans discernement! Armes dangereuses, imprudemment fournies à ces capacités médiocres qui s'agitent sans cesse pour parvenir, qui ne

1. Guizot, *Discours de présentation de la loi sur l'Instruction primaire à la Chambre des députés.*

rêvent que bouleversement pour se produire sur des ruines, qui se révoltent contre la société, quand elle veut mettre un frein à leurs passions, et qui, échouant dans leurs tentatives criminelles, vont s'ensevelir au bagne, se brisent d'elles-mêmes par le suicide, ou s'éteignent dans la misère et dans la débauche. Soyons ce que nous pouvons être, faisons ce que nous pouvons faire, nous serons et nous ferons toujours beaucoup. L'homme qui recherche ou accepte un emploi qu'il ne peut remplir, dérobe à celui qui l'eût convenablement occupé un bien qui lui était dû, et à la société les services qu'un agent plus capable lui aurait rendus.

LE CURÉ

En détournant des emplois publics les jeunes gens qui s'y précipitent en foule, en les appelant aux carrières libres dont vous faites ressortir les avantages, votre dessein n'est pas, sans doute, de rabaisser les uns pour exalter les autres.

LE MAGISTRAT

Non certes, mon cher pasteur; il me semble, au contraire, que j'augmente la considération qui est due aux premières, en en éloignant ceux qui ne sont pas capables de les remplir; reconnaître les avantages du travail dans les conditions privées, ce n'est pas en diminuer le mérite dans les fonctions publiques, et, d'ailleurs, dire qu'il ne faut rechercher celles-ci que pour le bien qu'on peut y faire et les services qu'on peut y rendre, qu'on ne doit les désirer que quand on en est digne, les accepter que quand on est assez fort pour en porter le poids, ce n'est pas les rabaisser, mais les placer au-dessus de nos passions, qui les font descendre sans nous élever.

Je le proclame hautement, les fonctions publiques ont droit à tous nos respects, mais il est après elles des conditions privées qui sont aussi honorables, ou qui, du moins, le sont encore, lors même qu'elles ne le seraient pas autant.

La renommée, en effet, n'est pas seulement pour les armes, la politique, la banque et les lettres; l'ouvrier qui a inventé la machine à tisser la soie aurait, s'il l'eût voulu, amassé plus d'argent et acquis plus de véritable gloire, que vingt réputations européennes qui se forment et qui s'oublient de nos jours. Partout et dans toutes les professions, le gain est en rapport avec la dépense; il permet des économies, et les économies amènent la richesse. Il n'est pas un métier, quelque commun qu'il soit, qui n'ait été l'origine et la cause unique de fortunes que la probité avoue et que les fonctions publiques ne pourraient jamais élever. Un proverbe un peu trivial dit, en faisant allusion à leurs profits, qu'il n'y a pas de sots métiers, qu'il n'y a que de sottes gens; ce n'est pas assez, il devrait ajouter, pour rendre raison de la considération dont ils sont la source, que personne n'est au-dessus des métiers honnêtes, et qu'ils ne sont au-dessous de rien.

Il en est un cependant que je préfère à tous pour les enfants, c'est celui de leur père; il n'est plus à leurs yeux un problème; ses avantages et ses inconvénients, ses besoins et ses ressources leur sont connus; ils l'embrasseront à coup sûr: leur père l'a reçu du sien, une aptitude particulière le lui avait fait choisir; elle semblait être dans son sang et il l'a, en quelque sorte, transmise dans son héritage; ses fils ont appris cette profession de bonne heure, ou plutôt il les y aura préparés à l'avance en y faisant concourir l'éducation qu'il leur donne chez lui et l'instruction qu'ils peuvent recevoir dans les écoles; s'y façonnant à mesure qu'ils grandissaient, ils y ont acquis une habileté singulière; avant de se livrer à son apprentissage, ils s'étaient familiarisés avec ses procédés, et, en débutant, ils y font preuve d'une supériorité qu'un étranger n'atteindra jamais[1]. De plus, les produits de cette industrie, étant mieux confectionnés, sont plus renommés, plus recherchés et mieux vendus; l'ouvrier ne court pas après l'achalandage, et la clientèle vient au-devant de lui; d'un autre côté, plus anciennement connu, il se conduira mieux; il s'attache à son nom et à son établissement une réputation de probité et de perfection, qui est une sorte de noblesse qu'il aura à cœur de soutenir; on viendra à lui, plein de confiance; pour y répondre, il ne fournira que des produits de bonne qualité, et la crainte de déchoir dans l'opinion l'empêchera de jamais se laisser aller à ces fraudes, qui trompent plus encore l'artisan que l'acheteur, et auxquelles ne rougit point toujours de recourir l'homme qui n'a point de réputation à perdre.

J'aime donc les professions héréditaires, parce que les bonnes et honnêtes traditions s'y maintiennent, mais je les aime encore parce qu'elles groupent les enfants autour du père pendant leur apprentissage, et que, ne les éloignant pas du pays, quand ils s'établissent, elles les répartissent encore autour de lui pour les

1. « Le plus souvent, imbus de préceptes de nos parents, nous nous laissons aller à leurs goûts et à leurs habitudes. » (Cicéron, *des Devoirs*, liv. I, XXXII.)

exercer, et lui permettent de porter, en tout temps, ses regards sur eux pour les surveiller. Ainsi divisés, ils ne sont point cependant séparés, et la famille n'est jamais désunie; les sentiments, qui font sa force et sa puissance, s'y conservent religieusement; l'amour du père pour ses enfants, l'attachement des enfants pour le père y entretiennent constamment la concorde, et les préservent de ces rivalités cupides et de ces jalousies tracassières que la soif du gain fait naître entre étrangers. L'enfant, au contraire, qui apprend un métier différent de celui de son père, a déjà un lien de moins qui l'attache à lui; obligé de s'éloigner du toit paternel pour apprendre sa profession, il quittera bientôt le pays pour aller chercher, dans son tour de France, une habileté qu'il eût trouvée chez lui, s'il eût suivi de préférence un métier qui était le patrimoine de ses aïeux. Impatient de fuir la contrée, il jette, les yeux secs, un dernier regard sur le clocher de son village, et commence gaiement une absence qui durera des années entières et peut-être toujours; parfois sa pensée le reporte vers ces lieux où il a laissé tant de parents qui lui sont chers, mais de jour en jour leur souvenir s'efface de sa mémoire; à la fin, il les oublie comme lui-même en est oublié, et, livré à ses propres inspirations, n'étant plus retenu par l'autorité d'un père, par le respect du nom qu'il porte et par les exemples de sa famille, il reçoit l'impression de tout ce qu'il voit, et subit l'influence de tous les gens qu'il fréquente. Il s'associe à ces compagnons qui ne voient dans un métier qu'un moyen de gagner de l'argent, et dans l'argent qu'un moyen de satisfaire leurs grossiers appétits; son caractère s'altère, sa moralité se relâche; il prend les habitudes de ceux avec lesquels il travaille; comme eux, il devient négligent et s'abandonne aux plaisirs; il n'est plus ménager du présent, il n'a plus de souci de l'avenir, et passe plus de jours de la semaine au cabaret qu'à l'atelier. Ennuyé d'une ville, il la quitte pour aller dans une autre; cette existence nomade occupera toute sa vie; il ne songe ni au temps mort, ni aux maladies; cependant les infirmités viennent avec les années, elles le trouvent sans ressources, parce qu'il a été sans prévoyance; il est obligé de se recommander à la charité publique, et celui qui eût pu faire un bon chef d'établissement et vivre honoré au milieu de ses concitoyens, s'il eût suivi l'état de son père, meurt compagnon et délaissé dans l'hôpital qui lui a offert un refuge.

LE MÉDECIN

Votre argumentation me semble vous conduire, à votre insu, plus loin que vous ne pensez : vous admettez le droit de propriété ainsi que l'inégalité des fortunes et la distinction des classes, qui en sont la suite, et, pour détruire un abus inséparable du bien, vous en faites renaître de plus grands, que nos pères et nous nous n'avons pas encore déracinés.

Vous écartez la médiocrité indigente des plus hauts emplois de l'État comme des moindres charges publiques, pour en rapprocher la nullité opulente; vous reléguez le pauvre dans les professions manuelles, pour réserver les honneurs et les moyens d'acquérir la fortune à ceux qui la détiennent; vous reconstruisez un ordre privilégié, qui vivra seul, au milieu de toutes les jouissances sociales dont vous faites son partage exclusif, et, tandis que vous le placez sur les hauteurs inaccessibles du pouvoir, d'où il domine, vous parquez, à ses pieds, les classes laborieuses dans les professions pénibles, où elles portent le poids du jour, et travaillent, à la sueur de leur front, pour entretenir son luxe et nourrir son oisiveté. Enfin vous descendez jusqu'aux derniers rangs de la société, où vous établissez une sorte d'aristocratie, et, rendant les professions héréditaires dans les familles, vous ressuscitez les jurandes et les corporations, qui ont si longtemps opposé d'insurmontables obstacles aux progrès de l'art et de l'industrie. Il n'est pas jusqu'au compagnonnage et jusqu'aux perfectionnements, dont il est la source et l'aliment, que vous n'interdisiez aux classes ouvrières.

LE MAGISTRAT

Vous me prêtez, docteur, une pensée qui n'est pas la mienne; c'est probablement parce que vous avez perdu de vue notre point de départ, ou que vous tirez des faits que nous avons posés des conclusions qui n'en sortent point.

D'abord laissons en dehors de cette discussion le compagnonnage que je suis si loin de proscrire, que je suis le premier à en reconnaître les avantages et la nécessité, comme à proclamer que lui seul peut faire des ouvriers parfaits et leur assurer, par la concurrence, la juste rémunération de leurs services. J'ajouterai même qu'il est une foule d'industries qui ne peuvent exister sans lui, et que, leur enlever ce soutien, c'est les détruire. Il s'agit entre nous du maître et de l'apprenti, et non du compagnon, à qui je permettrai volontiers de voyager, quand son père lui aura appris sa profession, et qu'il sera en âge de se conduire seul.

Ceci convenu, je reviens à vos objections. Sans doute, je pourrais vous dire qu'il vaut mieux voir celui qui possède de puissantes facultés les laisser s'éteindre dans l'inertie que de risquer de troubler la tranquillité publique en en faisant un usage malentendu; je ne le ferai point; je n'ai besoin que de vous rappeler que j'ai établi la variété de l'intelligence humaine, mais en tenant compte des analogies et des ressemblances qui se rencontrent si fréquemment dans les familles; que j'ai proclamé, en le faisant reposer sur le respect de l'ordre et de la propriété, le règne des capacités, mais réelles, honnêtes et constatées; que je les ai toutes appelées au partage des avantages et des honneurs sociaux, mais que je n'attache pas exclusivement l'estime aux fonctions publiques; que certaines professions sont, à mes yeux, aussi honorables que les plus hautes charges de l'État, et que ceux qui les exercent lui rendent autant de services que ses premiers fonctionnaires.

Je veux que riche ou pauvre, on ne soit récompensé que suivant son mérite, mais surtout qu'on occupe un emploi en rapport avec son aptitude, et si je pense que les richesses doivent être le privilège de certaines gens, c'est de ceux qui les ont acquises; je ne reconstitue pas les ordres, mais j'admets les conditions, car il y aura toujours dans le monde des hommes capables et des hommes qui ne le sont pas, des hommes laborieux et des hommes qui se laissent aller à la paresse, des hommes réglés et des hommes intempérants, des honnêtes gens et des fripons, et même des gens à qui toutes les entreprises réussiront, et d'autres dont les mieux conçues et les mieux conduites feront la ruine [1]; j'admets les conditions, mais je veux que la nature seule les produise, et que la justice, n'accordant à aucune de prédominance hiérarchique, maintienne entre elles l'égalité; je ne rétablis pas les jurandes, à l'aide de la famille, mais je désire que les enfants suivent de préférence l'état de leur père; je leur en donne le conseil, mais je ne les y contrains pas, et ce n'est d'ailleurs que parce que cet état leur offre plus d'avantages qu'aucun autre, et que dans le cas où un penchant déterminé, une aptitude non équivoque ne sembleraient pas les destiner à une autre profession. Et dites-moi quel serait l'homme, assez dépourvu de raison et assez ennemi de ses semblables, pour ne pas conseiller à un enfant qu'une intelligence supé-

1. « Le riche et le pauvre se sont rencontrés; le seigneur a fait l'un et l'autre. » (*Proverbes*, chap. XXII, verset 2.)

rieure n'a pas prédestiné aux grandes choses, ou qui n'éprouve d'inclination prononcée pour aucun métier, d'embrasser celui que son père a reçu de ses ancêtres, où tous ceux qui ont porté son nom ont fait preuve d'une habileté qui est leur gloire, où l'aisance a récompensé leur travail, où la probité et des services rendus à leurs concitoyens leur ont acquis à l'estime publique des titres auxquels leurs descendants seront jaloux d'en ajouter de nouveaux? Quels dangers courrait donc la société si, dans ces conditions moyennes auxquelles nous appartenons tous ici, nos conseils devenaient la règle de conduite de chaque père de famille? D'abord, au lieu de se priver de tout, non pour établir son fils dans la profession qu'il aura choisie, mais pour lui faire apprendre un peu de latin, et ensuite, lorsqu'il sera bachelier ès lettres, lui procurer un petit emploi du gouvernement ou lui acheter une charge de notaire ou de greffier, il s'appliquerait à étudier ses dispositions; si elles étaient d'un ordre supérieur, il le placerait dans un collège et lui ferait même tenter l'école polytechnique; mais si elles n'étaient qu'ordinaires, il préférerait pour lui au collège l'école primaire, qui le préparerait à l'éducation de l'atelier, et, s'applaudissant de sa résolution, ce père de famille serait plus heureux de voir son fils confectionner avec soin des charrues à la Dombasle, ou le mobilier d'un riche propriétaire, que formuler un exploit de carence ou dresser un procès-verbal d'inventaire. Il n'y a que trop, par le monde, de ces jeunes gens que des facultés bornées condamnaient à l'avance à n'être, dans toutes les positions, que des hommes médiocres; que l'éducation classique qu'ils ont reçue n'a rendus propres à rien; qu'on a destinés à des emplois qu'ils étaient incapables de remplir, et pour qui un père, opiniâtre dans ses vues, a épuisé toutes les ressources de l'intrigue et de la sollicitation : malheur à l'enfant que son père engage dans ces voies tortueuses! il y perds son temps et ce que la nature lui avait départi de bonnes qualités; n'attendez rien d'honnête, de digne et de grand d'un jeune homme que vous avez conduit de porte en porte mendier un emploi comme une aumône, recevoir, sans rougir, des affronts qu'il n'a pas mérités, ou recueillir, sans y croire, des promesses qu'on ne tiendra pas. Nous nous plaignons des injustices de ceux qui nous gouvernent, plaignons-nous donc une bonne fois de ceux qui les aveuglent en caressant leurs faiblesses, qui en font des maîtres durs en se mettant à leur discrétion, qui leur arrachent des faveurs en les obsédant, qui leur apprennent l'injustice en la sollicitant, et qui en font une nécessité de l'administration, en la menaçant de lui enlever ses appuis, si elle résiste à leurs exigences. Nous maudissons les gouvernants corrompus, mais maudissons plus encore ces mendiants ambitieux qui contraignent leur conscience à divorcer avec l'équité, et qui ont presque fait de la corruption une des conditions d'existence de la société. Ah! combien je préfère pour elle cet état régulier, calme et tranquille, où le père rêve pour les siens la profession qu'il exerce, où il y élève son fils, où le fils la suit, où le nom qu'il porte le protège à son début, où l'habileté est un patrimoine qu'il reçoit de ses pères et qu'il augmente pour ses enfants, où il pratique la vertu en gagnant la fortune, où il secourt le pauvre sans l'humilier, où il sert les grands sans s'avilir.

Vous voyez alors moins de gens, ignorant ce qu'ils sont et ce qu'ils peuvent, à charge à eux-mêmes comme aux autres et embarrassés de trouver la place qu'ils sont capables de remplir; les fils de l'artisan, ceux du cultivateur n'émigrent pas en foule à la ville; ils manient, sans croire déroger, l'outil que manie leur père, et cultivent honorablement le sillon qui les nourrit. De temps à autre, un esprit supérieur s'élève sous le chaume, et, suivant son étoile qui le conduit où sa destinée l'appelle, il va briller, dans une grande cité, de tout l'éclat qu'un noble caractère peut prêter à une haute intelligence.

LE CURÉ

Les hommes d'élite arrivent toujours à leur but, car Dieu leur prête la main; il les fait naître, il prépare leur grandeur en silence, il aplanit leur chemin, il amène les événements qui les produisent, et, pour se mettre en lumière au jour marqué pour leur apparition, il ne leur demande que de s'aider eux-mêmes par le travail et la soumission. Il choisit parmi les derniers des hommes les apôtres de la plus belle des religions, et d'un pauvre pêcheur il fit le fondement de son église; tout à coup, vers la fin du siècle dernier, elle sembla s'écrouler sur cette terre, où elle était si ancienne, mais à peine le siècle où nous sommes était-il commencé, qu'on la voyait sortir de ses ruines, sous la main d'un homme naguère obscur, que la Providence avait suscité. Cette Providence dont il fut l'ouvrage, n'avait-elle pas, dans d'autres temps, et descendant à de moins hauts intérêts, appelé, des champs, où ils paissaient leurs troupeaux, Claude Gelée pour en doter la peinture, Vincent de Paul pour le donner à l'humanité. C'est par elle, bon docteur, pour me servir encore de vos exemples, que le fils d'un médecin de province, que L'Hôpital devint chancelier de France, et que ce grand ministre, qui fut, à une époque de troubles, le modèle du courage civil, inscrivit dans les fastes de la magistrature française le plus beau de tous les noms que la postérité y lira. C'est par elle encore que, de nos jours, nous voyons l'artisan de Nîmes, à qui elle assignait en naissant son rang parmi les grands poètes, humble sous les lauriers qu'il a cueillis, honorer son talent, en subordonnant aux travaux de la profession qu'il tient de son père, ces loisirs littéraires auxquels nous devons de si touchantes inspirations. L'homme a beau méditer, s'agiter, consacrer toutes ses veilles à l'étude, il ne peut que ce que veut la Providence; c'est elle qui féconde ses labeurs; sans elle ils restent stériles [1]; en vain il ajoute le savoir au savoir, l'art n'en fera jamais sortir le génie;

1. « L'homme dispose ses voies; mais Dieu conduit ses pas. » (*Proverbes*, chap. XVI, verset 9.) — « L'homme s'agite, Dieu le mène. » (Fénelon, *Sermon pour la fête de l'Épiphanie.*) — « Il n'y a rien dans le monde, ni fortune ni astre dominant : rien ne domine que Dieu. » (Bossuet, *Politique tirée de l'Écriture sainte*, liv. VII, art. 6.)

impuissant à s'élever par lui-même, si elle s'y oppose, il se forme seul quand elle le permet, et tandis que la science perfectionne tout au plus les grandes inventions, les découvertes que nous admirons le plus jaillissent naturellement, comme de l'arbre naît le fruit, de la pensée de ces hommes qui se produisent spontanément et qui ne doivent rien qu'à Dieu, comme pour montrer que tout nous vient de lui et que nous ne pouvons rien que par ses dons.

Ainsi, grands et petits, nous sommes ce que la Providence veut que nous soyons; instruments intelligents et actifs de notre destinée, nous remplissons seulement les desseins qu'elle a formés sur nous, et, de même que nous ne sommes rien que par elle, pour augmenter notre courage, soutenir nos efforts et nous relever à nos propres yeux, elle ne fait rien de nous que par nous-mêmes. De là ne résulte-t-il pas que nous devons avoir toujours la pensée de Dieu présente à l'esprit quand nous recherchons une profession, et qu'une fois que nous l'avons trouvée, nous devons l'exercer avec cette confiance dans ses secours et dans son appui, qui tient de la force et de la résignation. S'il ne commande qu'à quelques-uns de faire de la religion leur état, il prescrit à tous de faire leur religion dans l'état qu'ils ont embrassé [1], en rapportant à celui de qui ils la tiennent tous les actes de cette profession. Soyons donc toujours disposés, disposons toujours nos enfants à suivre sa volonté dans le choix d'un état [2]. Mais quel est l'oracle qui nous la fait connaître? Quelle est la voix intérieure qui parle pour nous la révéler? C'est celle de la religion, qui [3] éclaire notre esprit, lorsque nous agitons ce redoutable problème; qui bénit nos recherches lorsque, descendant en nous-mêmes, nous nous examinons intérieurement pour nous connaître; qui, nous mettant en garde contre les inspirations de l'amour-propre, ne permet pas à notre orgueil de nous éblouir, et, nous dépouillant de tous les voiles dont il enveloppe nos faiblesses, comme de toutes les exagérations dont il pare notre mérite, nous montre à nous-mêmes tels que nous sommes, nous donne la conscience de notre

1. « Que chacun demeure dans la vocation où il était quand Dieu l'a appelé. » (Saint Paul, I Corinth., chap. VII, verset 20.)

2. « L'éducation élémentaire et chrétienne préserve l'âme des vagues et orgueilleux désirs, et lui fait accepter avec une résignation satisfaite, la sévère loi des inégalités sociales. » (Fabvier, procureur général, *Discours de rentrée à la cour royale de Nancy.*)

« Mon fils, ne faites rien sans conseil, et vous ne vous repentirez point de ce que vous avez fait. » (*L'Écclésiastique,* chap. II, verset 24.)

force, nous ouvre les yeux sur notre insuffisance, nous montre la route que nous devons suivre, et nous inspire cet esprit d'obéissance aux décrets du ciel, qui nous dispose à accepter, avec une soumission égale à notre modestie, les plus humbles comme les plus glorieuses destinées. Cette pensée, que l'état que nous exerçons nous vient de Dieu, est une puissance qui décuple nos forces, une consolation qui nous fait supporter, sans nous laisser abattre, les revers que le ciel nous envoie pour nous éprouver. Aide-toi, le ciel t'aidera [1]; Fais ce que dois, advienne que pourra. Que de raison et de philosophie, que de persévérance et d'énergie dans ces deux proverbes qui sont des vérités morales et presque des dogmes de la religion! Le fatalisme anéantit l'homme; mais la foi dans un Dieu qui le soutient, pourvu qu'il s'appuie sur lui, l'élève et le grandit, en même temps qu'il lui communique du calme et de la résignation. Le ciel ne peut nous faire un plus beau présent, nous accorder un plus grand

1. « Jeanne d'Arc, pour justifier sa tentative d'évasion, répond dans ses interrogatoires, qu'elle fuirait encore, si Dieu le permettait, et invoque le proverbe français « : Ayde-toi, Dieu te aydera. » (Franklin, *Science du bonhomme Richard* et La Fontaine, *Fables*, VI, XVIII.) — « Le ciel est inutile à qui ne l'aide pas. » (Rotrou, *Chosroès*, acte Ier, sc. II.) — « Ayez soin que Dieu soit avec vous dans tout ce que vous faites. » (*Imitation de J.-C.*, liv. II, chap. II, verset 1.)

bienfait, que de nous accorder cette vertu : le fort ou le faible, s'il est résigné, voit sans envie ceux qui sont au-dessus de lui, sans mépris ceux qui sont au-dessous ; l'indigence s'assied à son foyer, il la reçoit pour compagne et la fête presque comme une amie ; les grandeurs passent à sa porte, il n'est pas tenté de les arrêter, s'il ne se sent pas capable d'en supporter le poids ; content de ses richesses, il n'en demande pas de nouvelles, et, ne s'en croyant que dépositaire, il travaille toute sa vie à en faire un bon emploi ; ou bien, satisfait du salaire de sa journée, il est heureux du pain qu'il partage avec sa famille, et du repos qu'il trouve avec elle sous un toit d'où la médiocrité éloigne le besoin : résolu à subir avec patience toutes les infortunes, à travailler sans acquérir, à perdre après avoir acquis, à trouver la maladie dans le travail, l'abandon dans la maladie, et la charité pour le nourrir d'un pain avare ou le recueillir sous l'abri d'un hospice, il endure la misère sans se plaindre, il espère dans les larmes, et attend, plein de foi, ce Dieu qui le visitera encore dans ce monde pour le secourir, ou lui ouvrira les splendeurs du ciel pour le dédommager des humiliations de la terre.

Religion sainte, dogmes divins, restez toujours parmi les hommes, pénétrez-les de votre vertu, éclairez-les de vos lumières. C'est à vous que je dois ce que je suis, la profession charitable que j'exerce, le bonheur dont j'y jouis; j'étais né dans l'opulence, vous avez veillé sur mon berceau, vous m'y avez parlé par la bouche de ma mère, et vous m'y avez appris à vous aimer en aimant celle qui me donnait vos premières leçons. J'ai grandi, et votre appui m'est resté; j'ai vu le monde, j'ai connu les honneurs, j'ai vécu dans les palais, et votre assistance ne m'a pas abandonné; il n'est pas une de mes pensées que mon âme ne vous ait confiée, une de mes actions que j'aie accomplie sans m'élever vers vous pour vous prier de la rendre bonne. J'ai senti, j'ai compris le néant des richesses, le vide des grandeurs et les dangers des postes éminents : je vous ai demandé le repos après les agitations, l'ombre après le grand jour, un asile modeste après des demeures splendides, un peu de bien à faire après beaucoup de bien entrepris, et vous m'avez conduit dans le temple, où vous m'avez voué au culte du Dieu que vous honorez, où vous m'avez mis au service de tous les hommes dont il est le père, de toutes les misères dont il est le refuge, des affligés qu'il console, des pauvres qu'il nourrit. Vous avez fait du sacerdoce ma profession : Soyez-en mille fois bénie, ô la compagne de toute ma vie, et plaise à Dieu qu'il me trouve l'exerçant encore le jour où il m'appellera à lui pour lui rendre compte de la façon dont je l'aurai pratiquée[1] !

La nuit était venue pendant cet entretien ; on s'en aperçut seulement quand le prêtre eut cessé de parler : on était ému ; on se sépara, sous l'influence de la vive préoccupation que des opinions si diverses avaient fait naître dans l'esprit de tous les interlocuteurs. Il paraît qu'elles agirent puissamment sur celui du laboureur ; car il avait deux fils, ils étaient en âge de choisir un état et il les destinait aux emplois publics ; huit jours ne s'étaient pas écoulés qu'il faisait suivre à l'aîné son labourage, et plaçait le second en apprentissage chez un artisan, son voisin.

1. Jésus-Christ : « Mon fils, si vous avez un vrai désir d'être heureux, il faut que je sois votre souveraine et dernière fin. » (*Imitation de J.-C.*, liv. III, chap. IX, verset 1.)

CHACUN
NE DOIT PAYER QUE POUR SA FAUTE

LE CAPITAINE ROBERT

OU LE PRÉJUGÉ

« Le fils ne portera pas l'iniquité du père, et « le père ne portera point l'iniquité du fils. »

(*Ézéchiel*, chap. XVIII, verset 20.)

« La peine infligée au père ne peut retomber « sur son héritier. »

(*Digeste*, liv. XLVIII, titre 19.)

Mais Dieu veut qu'on espère en son soin paternel.
Il ne recherche point, aveugle en sa colère,
Sur le fils qui le craint, l'impiété du père.

(RACINE, *Athalie*, acte I, sc. II.)

« Pour tes parents, tu n'es pas responsable. »

(*Épictète* dans ARRIEN, liv. II, chap. XII.)

« Si une peine est appliquée à quelqu'un, il est « maintenant reçu en droit qu'elle ne doit pas « atteindre ses héritiers; la raison en paraît être « que la peine est infligée pour amender les cou- « pables; aussi celui qui a été frappé par le châti- « ment étant mort, ce châtiment doit rester désor- « mais sans effets.

(*Digeste*, liv. XLVIII, titres 19, 20 et PAUL, liv. XVIII à *Plautius*.)

« N'opposez-vous pas à leur malignité cette
« maxime d'équité que les fautes sont person-
« nelles, et qu'il est injuste de faire retomber sur
« tous ceux qui ont porté votre nom, la mau-
« vaise conduite d'un seul qui l'a déshonoré. »
(MASSILLON, *Sermon sur l'injustice du monde.*)

Le capitaine Robert s'était fixé à la campagne; c'était le port où il était venu chercher le repos après les orages d'une vie agitée. Il avait été mis à la retraite sans l'avoir demandée; cependant il ne regrettait pas la carrière qui venait de se fermer pour lui à Waterloo; il préférait maintenant des occupations conformes à ses goûts et la paix des champs. D'ailleurs, l'âge avait marché avec le temps, et les années, ainsi que les fatigues et les infirmités, lui conseillaient le repos.

Il tint compte de cet avertissement et devint habitant d'un village. Sur sa solde de vingt ans de service et d'autant de campagnes il avait fait quelques économies : il en acheta une maison et un champ qu'il se mit à cultiver. Homme sage et laborieux, sa vie était active et réglée. Il travaillait à la terre et au bien de la commune. Il n'avait jamais de procès, et arrangeait ceux de ses voisins. Bon citoyen et bon chrétien, il vivait bien avec le maire et avec le curé. Il aidait le pauvre de sa bourse et l'homme aisé de ses conseils. Il n'avait point d'ennemis, parce qu'il n'avait de démêlés avec personne, et que, d'ailleurs, l'ascendant de son noble caractère, la douceur et la sagesse de ses exhortations parvenaient toujours à vaincre les ressentiments les plus vifs, et à rétablir l'union partout où il s'entremettait. Quand une querelle s'élevait quelque part, quand une division éclatait entre deux frères, si on le voyait apparaître, on était sûr qu'il ramenait avec lui le calme et la paix; sa présence était le signal de la réconciliation. Vous le pensez bien, un pareil homme devait être vénéré; aussi chacun se découvrait-il à l'approche du vieux guerrier. Sa modestie fuyait les honneurs; l'étranger ne pouvait pas toujours le reconnaître au ruban rouge qu'il ne portait qu'en de rares occasions; mais il ne se trompait pas aux respects qu'il voyait jeunes et vieux lui rendre.

Je ne vous retracerai pas ici toute sa vie, elle fut semée de trop de belles actions pour être racontée dans un seul entretien; je veux vous parler de sa mort, et vous redire les dernières paroles qu'il adressa à ses concitoyens. Qu'elles vous paraîtraient belles et éloquentes ces paroles que ma mémoire s'est empressée de recueillir, s'il m'était donné de vous les rendre telles qu'il les a prononcées! Que ne puis-je vous peindre sa figure pâlie par la souffrance, reprenant, comme en un jour de fête, sa douceur et sa sérénité, et vous faire entendre le son grave et affectueux de sa voix!

Alité depuis quelques semaines, il avait senti que le moment suprême approchait et qu'il allait livrer un dernier combat avec la mort; il résolut de s'y préparer par une bonne action. Un habitant du village voisin avait commis un crime, la justice l'avait frappé. Cet homme avait de très proches parents dans la commune du capitaine Robert; un préjugé qui a survécu aux temps de barbarie et qui a résisté à l'action des lois, les enveloppait dans l'infamie du coupable. A peine l'arrêt avait-il été exécuté, que chacun, ajoutant à leur douleur, prenait à tâche de les éviter. Ils étaient gens pauvres, mais probes et irréprochables; on aurait rougi d'être de leur amitié. La fille de l'un d'eux était sur le point d'épouser un jeune homme, son voisin, son ami d'enfance; cet ami, ce voisin, un seul jour lui avait fait oublier la compagne de ses premières années, celle qui devait être l'appui et la consolation de sa vieillesse, et il allait quitter la commune pour avoir un prétexte de manquer à sa promesse. Jusque dans les jeux du premier âge, le fatal préjugé établissait une séparation entre la race d'un condamné et les enfants des familles pures. Robert l'apprit; il s'en émut vivement : cet événement seul, car c'en était un pour lui, aurait suffi pour affliger son cœur et attrister ses dernières pensées. Il voulut prévenir autour de lui les effets d'un préjugé aussi aveugle.

Il fait donc appeler ses amis; le village entier accourt pour recevoir encore une fois ses conseils et lui dire un dernier adieu. Tous entrent en silence et entourent son lit avec recueillement, la douleur dans l'âme et roulant dans leurs yeux des larmes que le calme seul du moribond empêchait de franchir le seuil de la paupière. Lorsqu'il vit qu'ils étaient placés, il fit un effort, et, s'asseyant sur son lit, il promena, sur cette foule réunie près de lui, un regard mêlé de tendresse et d'inquiétude, comme si quelqu'un manquait à son appel, et dit :

« Il ne me reste plus que quelques instants à vivre, j'ai voulu les passer avec vous. Au milieu de vous se sont écoulées les meilleures et les plus paisibles années de ma vie, je ne pouvais désirer de mourir autrement que javais vécu. Je bénis le ciel de ce qu'après tant de traverses, il m'a permis de goûter, dans cet asile, un repos de quinze années, et de m'endormir du sommeil éternel parmi ceux qui ont accordé à ma vieillesse une retraite si douce et si heureuse. Je vous en remercie, mes amis : mon attachement vous en a payé tant que j'ai vécu ; je veux que mes conseils et leur souvenir vous en payent après ma mort. Je meurs tranquille, puisque je vous laisse en possession de tout le bonheur auquel il est donné à l'homme de parvenir en ce monde. Que vous manquerait-il en effet? Vous jouissez d'une santé qui ne vous quittera pas, si vous restez toujours laborieux et tempérants; d'une richesse que rien ne vous fera perdre, tant que vous conserverez le goût du travail et de l'ordre. Elle sera toujours assez grande pour réaliser vos souhaits, car ceux du sage ne dépassent jamais ses besoins, et vos bonnes habitudes savent borner les vôtres [1]. Vous avez tout ce qu'il faut à l'homme d'instruction pour se conduire lui-même et se soustraire à la dépendance d'autrui. Enfin, vos nombreux enfants promettent des compagnons à vos travaux, des soutiens à votre vieillesse et des imitateurs à vos vertus. Je remercie la Providence qui vous a comblés de

1. « Celui qui veut être heureux se réduit et se resserre autant qu'il est possible. Il a ces deux caractères, il change peu de place, et en tient peu. » (FONTENELLE, *du Bonheur*.)

ses faveurs : que ne puis-je aussi lui rendre grâce de vous avoir affranchis de ces préjugés qui enfantent tant d'erreurs et qui font tant de victimes. Je la bénirais de toutes les forces de mon âme, si le ciel donnait aux paroles d'un mourant la force d'éteindre parmi vous le plus abominable de tous, et de ramener vos cœurs à la justice et à la charité dont ma voix vous a si souvent enseigné les maximes. Écoutez-moi, mes amis, écoutez le vieux soldat, mais croyez-en la bouche d'un homme qui, au moment de comparaître devant Dieu, ne peut avoir à vous dire que la vérité.

« Un crime a épouvanté notre voisinage, son auteur vient d'en porter la peine ; ce n'est pas assez, et si j'en crois ce que j'entends et ce que je vois, vous iriez plus loin que la justice. Votre froideur, vos mépris même atteindraient des malheureux qui n'ont à se reprocher que d'être nés les parents d'un condamné. Qui donc vous a appris que l'infamie d'un criminel dût retomber sur sa famille? serait-ce la raison? Mais ne vous dit-elle pas que Dieu a créé tous les hommes égaux, et qu'en ouvrant leurs cœurs aux bonnes comme aux mauvaises inclinations, en leur laissant la liberté de résister aux unes et de suivre les autres, il a par cela même admis l'infinie variété des actions humaines, et établi, comme fondement de la morale, qu'on n'imputerait à chacun que celles qu'il aurait commises ou qu'il aurait conseillées. Pourquoi le fils répondrait-il des fautes de son père, s'il n'y a pris part, s'il ne les a provoquées ou exécutées de concert avec lui? Chaque jour l'expérience vous le démontre, une fois arrivé dans ce monde et pourvu par l'éducation de toutes les lumières que la raison peut offrir, l'homme est indépendant de ses père et mère, et il n'y a plus, pour le rattacher à eux, que le lien moral de l'affection qu'il leur porte, du respect qu'il leur témoigne et de la reconnaissance qu'il conserve pour leurs bienfaits.

« L'enfant ignore la pensée criminelle qui peut couver dans le cœur de ceux dont il a reçu le jour, il ignorerait même que le mal en est éclos, si la justice ne venait le lui révéler. Et vous voulez qu'on le punisse pour le crime qu'il n'a pas conçu, qu'il n'a pu connaître et faire avorter! Dites-le-moi, la voix secrète de Dieu avertit-elle la conscience du fils des projets coupables du père? Lorsque ces projets sont accomplis et que le châtiment les réprime, la loi frappe-t-elle la famille du malfaiteur qui le subit? non, sans doute. Pourquoi donc aller au delà de la morale et de la loi, et imprimer sur le front des enfants l'infamie de leurs auteurs?

« Le juge qui punirait sciemment l'innocent pour le crime d'un autre, exciterait toute votre indignation, et cependant vous faites rejaillir sur les parents l'ignominie qui s'attache à un homme dont ils ont le malheur de porter le nom.

« Mais, dit-on, si la peine du père s'étend jusqu'au fils, ce n'est pas qu'elle le recherche, c'est qu'il en est trop près pour l'éviter; c'est le coup qui se fait sentir aux rejetons quand vous frappez la tige; alors le préjugé raisonne, il présume que l'enfant ressemblera à celui dont il procède; que l'un marchera sur les traces de l'autre, et l'infamie, en sévissant à l'avance, prévient les crimes, pour épargner les châtiments. D'ailleurs ajoute-t-on, l'homme qui médite une action coupable sera constamment arrêté, dans son exécution, par la crainte de compromettre l'avenir de sa famille, et cette crainte salutaire concourra avec la loi à tarir le mal dans sa source. C'est une double erreur. D'abord rien ne nous révèle, dans le sein des familles, la loi de l'invariable transmission des penchants, et, en l'admettant, rien ne prouve que leur conformité entraîne celle des actions. Il n'est point de jour de la vie qui ne nous montre le contraire. Que d'hommes chargés de crimes ont donné le jour à d'excellents citoyens! Que de pères de famille ont vu des fils dégénérés dissiper les trésors de vertus et de bons exemples qu'ils leur avaient amassés! Que d'hommes qui, éclairés par l'éducation, ont bien fait en dépit de leurs inclinations, qui les portaient à mal faire! D'un autre côté, il est rare que l'homme, qui nourrit dans son cœur la pensée d'un forfait, n'y ait pas fait taire les affections de famille; et, lors même que l'on supposerait que quelque sentiment désintéressé pût trouver place dans une âme pervertie, on ne saurait soutenir que cet homme soit plus touché des dangers de ses enfants que de ses propres périls, et que l'idée de flétrir à jamais sa postérité fasse reculer dans la voie du crime celui qui ne craint pas d'y jouer sa vie ou sa liberté. Et quand l'honneur et l'intérêt de la famille le retiendraient sur cette pente fatale, serait-ce une raison pour stigmatiser des générations innocentes afin d'effrayer des coupables à venir?

« L'infamie, ajoute-t-on encore, n'est pas la peine, elle n'en est que la suite : je l'accorde, mais je lui oppose des limites qu'elle ne saurait dépasser; elle n'est que l'accessoire du châtiment, et dès lors elle ne doit être encourue que lorsqu'il est infligé. Prenez ici pour principe la peine que subit le coupable, vous conviendrez que vous en étendez les conséquences sans mesure, si vous atteignez celui qu'elle a respecté. Lorsqu'un citoyen a fait une bonne action, la raison (je ne dis pas une sage politique [1]) vous impose-t-elle rigoureusement l'obligation d'en récompenser toute sa famille? non certes [2]. Eh bien! convenons donc qu'elle n'exige pas davantage qu'on la punisse, lorsqu'il a failli. Et quand vous récompenseriez dans les enfants le mérite et les vertus du père, je dirais qu'il y a là une générosité intelligente; mais punir en eux les fautes de celui dont ils ont reçu le jour, ce serait le fait d'une cruauté absurde : un cas ne justifie pas l'autre, l'excès de la reconnaissance n'autorise pas celui de l'injustice. Le fils d'un homme de bien commet un crime; oserait-on soutenir que la justice doit punir son père avec

1. « Nous devons par un sentiment de gratitude honorer les descendants de ceux qui ont accru la puissance ou la gloire de leur pays, et qui nous ont rendus plus heureux, plus sages ou meilleurs que nous ne l'aurions été sans leurs travaux. » (Addison, *le Tuteur*, n° 137, trad. de M. Mézières.)

2. « Rien n'est plus honteux pour un homme qui a quelque idée de lui-même, que de présenter comme un titre à l'estime, non ses propres mérites, mais la renommée de ses aïeux. » (Platon, *Ménexène*.) « Au lieu de les punir, il faut les louer de ne pas ressembler à leur père coupable. » (Platon, *des Lois*, liv. IX.)

lui? assurément non [1] : qu'on renonce donc à envelopper un fils irréprochable dans le châtiment d'un père criminel [2]. Croyez-le, mes amis, dès que nos actions sont le produit exclusif de notre volonté, nous devons seuls en porter la peine [3]. Pour nous imputer celles de nos parents, il faudrait, chose également impossible, ou que nous puissions toujours les empêcher de les commettre, ou qu'il nous eût été permis de ne pas former le lien de parenté qui nous attache à nos proches. Sommes-nous maîtres, en effet, de choisir le coin de terre où nous recevrons le jour, et les parents qui nous accueilleront aux portes de la vie? Loin de plaindre l'honnête homme qui naît au milieu d'une famille qui le déshonore, félicitez-le d'y être l'exemple vivant auquel ses membres s'efforceront, à l'avenir, de

1. « On reproche plus aux enfants la honte de leurs pères, qu'aux pères celle de leurs enfants. Il me semble que le contraire serait moins injuste, parce que ce serait alors punir les pères de n'avoir pas rectifié les mauvaises inclinations de leurs enfants par une éducation convenable. » (Duclos, *Considérations sur les mœurs.*)

2. « Dieu ne punit pas plus dans les enfants les fautes de leurs aïeux qu'ils n'ont jamais vus, qu'il ne punirait dans leurs aïeux les fautes de leurs petits-enfants qui ne sont pas encore nés. » (Bernardin de Saint-Pierre, *la Chaumière indienne.*)

3. « C'est la volonté qui fait le crime, et non la naissance; un saint peut engendrer un pécheur, comme d'un pécheur peut naître un saint. » (Saint Jean Chrysostome, homélie *sur les bonnes œuvres.*)

se conformer. Et cependant, bien souvent, cet homme qui fait briller toutes les vertus dans sa conduite, la société le traite comme s'il y étalait tous les vices. Quelle pensée la dirige donc, quel intérêt la meut, lorsqu'elle force à s'éloigner de son sein des hommes qui contribueraient à son bonheur et à sa gloire? Quel avantage retire-t-elle de l'abjection où elle retient les familles des condamnés? Les principes qui la gouvernent en reçoivent-ils une sanction plus éclatante, et sa tranquillité en est-elle bien plus facilement assurée? Non, mes amis, car les principes sur lesquels elle repose sont ceux de la justice éternelle, qui est de tous les temps et de tous les pays, et ils réprouvent hautement l'infamie sous le poids de laquelle un préjugé déplorable fait gémir les parents des condamnés : la justice commande à la société d'honorer la vertu partout où elle se trouve, et de donner l'encouragement de l'estime publique à tous ceux qui la pratiquent; mais vient-elle à remarquer qu'une peine a frappé un de leurs proches, dominée qu'elle est par la puissance aveugle de l'habitude, la société leur retire un prix qu'elle n'ose leur conserver; ce qu'elle fait en masse, les individus qui la composent le répètent en particulier, et le préjugé de tous devient alors la règle de conduite de chacun. Au moment où le châtiment s'appesantit sur un criminel, où, en raison même de l'affection que ses parents lui portent, son malheur les afflige plus profondément, où le vide que la justice des hommes fait dans leurs cœurs appelle autour d'eux les sympathies et les consolations, vous voyez chacun les éviter ou s'en éloigner. S'ils sont riches, on déserte leurs salons; s'ils sont pauvres, on les repousse du foyer domestique. Croiriez-vous à la justice et à la bonté de Dieu, si vous pensiez qu'un jour, il repoussera aussi de son sein ceux que les hommes ont accablés de pareilles rigueurs? Pourquoi donc faire dans ce monde, autrement qu'il ne fera dans l'autre, et faire fléchir, dans votre main, cette règle d'équité suprême, qui n'est si forte et si respectée que parce que vous la tenez de la sienne.

« Erreur cruelle! la nature de l'homme et son propre intérêt ne devraient-ils pas à jamais l'en préserver? Hélas! quel est celui d'entre nous qui serait assez hardi pour se promettre qu'il ne passera jamais par une pareille épreuve? Il n'est peut-être pas une famille qui n'ait, dans un membre qui la déshonore, son fléau à supporter, et, s'il en existait une assez heureuse pour ne pas être chargée d'une semblable affliction, pourrait-elle se promettre que l'avenir respecterait son bonheur, et que le sort, pour la punir de son orgueil, ne lui réserverait pas une tardive, mais terrible compensation. Vous détachez de l'arbre la branche parasite, et il n'en porte que plus de fruits : que diriez-vous de l'insensé qui, pour le débarrasser de cette branche, condamnerait toutes les autres au feu? Et voyez encore une conséquence monstrueuse de ce préjugé : quelles sont les familles qui inspirent le plus d'intérêt? les plus nombreuses sans doute? eh bien! c'est contre celles-là qu'il sévira avec une plus impitoyable énergie, puisque, comptant plus de membres dans leur sein, elles courent plus de chances d'y compter un criminel, puisque, atteignant plus d'individus, l'infamie y fera plus de victimes; elle s'y répandra comme la contagion; tous les fronts y contracteront une souillure, et nul ne pourra s'y élever qu'il ne se sente rabaisser sous le poids d'un nom flétri.

« N'anticipons pas sur les décrets de la Providence; mais vous tous qui m'écoutez et qui rendez solidaires d'un crime qu'ils n'ont pas commis, ces concitoyens, ces amis que vous fuyez, examinez-vous, jetez les yeux autour de vous; oseriez-vous affirmer que vos familles ne renferment point de membres indignes de leur appartenir, ou qui portent déjà en eux-mêmes le germe de ces vices qui feront un jour votre désolation? Ne refusez donc pas à vos voisins une tolérance qu'ils vous accordent depuis si longtemps, ou que vous leur demanderez peut-être demain; ne craignez-vous pas que vos dures susceptibilités ne les irritent et ne les désespèrent, et que votre injustice ne les fasse douter de la justice de Dieu même?

« Il est peu d'hommes, mes amis, qui, en butte à une réprobation qu'ils n'ont pas méritée, ne cherchent à s'en venger sur la société; ils ne restent plus vertueux dès qu'on leur refuse le prix et les avantages de la vertu. Ils sont méchants et injustes parce qu'on l'a été à leur égard. Tel est le spectacle que ne vous offre que trop souvent la société : c'est à la diviser et à la troubler que doit conduire la pratique de la morale comme l'ont faite l'erreur et les hommes. Pour moi, à ma dernière heure et prêt à rendre compte de toutes mes pensées et de toutes mes actions, je l'affirme, je n'aurai pas à m'accuser, à ma honte, devant celui qui vous jugera comme moi, d'avoir sacrifié à ces abominables préjugés, qui ont fait de ma vie un supplice. Au tourment de voir sans cesse l'infamie suspendue sur ma tête, se joignait, dans mon âme, celui de cacher à tous les yeux et de ne pouvoir déposer dans le sein d'un ami le secret de mes longs malheurs. Je me trompe : vous êtes tous mes amis, je veux, à ce titre, je veux, pour votre instruction, verser dans votre cœur ce secret que le mien renferma pendant quarante ans. Je suis le fils d'un condamné.... [1] »

A ces mots, un sourd frémissement, qui parcourut l'assemblée, vint interrompre la confidence qu'il avait commencée. Il se fit un moment de silence, et chacun fixait, avec anxiété, son regard tour à tour sur son voisin, pour deviner sa pensée, et sur Robert, comme si une métamorphose subite eût changé sa figure et dénaturé tous ses traits.

« Je suis le fils d'un condamné, reprit-il.... D'où vous vient l'effroi qui se peint dans vos traits? Ne suis-je plus votre ami, ou ne seriez vous plus les miens? Ah! ne me retirez pas votre amitié, j'ai si peu de temps encore à la garder, que ce n'est pas la peine de m'enlever, avant la mort, ce dernier bien qui me reste. Apprenez donc quel est celui qui vécut, pendant quinze ans, ignoré parmi vous, et qui croyait emporter avec lui dans la tombe le secret de son existence. Mon père, avant notre première révolution,

1. « La naissance peut être un malheur, elle n'est pas un crime. » (Frayssinous, *Conférence sur le salut des hommes.*)

occupait un emploi qui faisait toute sa fortune; il commit un crime qu'il expia par le supplice de la roue. J'avais quinze ans et j'allais finir mes études; trop d'infamie s'attachait à mon nom, trop d'horreur enveloppait ma famille pour que je consentisse à vivre misérable et couvert de honte dans ma ville natale; je m'en sauvai, pleurant la mémoire de mon père et maudissant l'odieuse injustice des hommes, qui le poursuivait dans son fils. Je vins à Paris, à la faveur d'un nom emprunté, et je cherchai à y gagner mon pain par les travaux les plus durs et les plus humiliants. Bientôt une assemblée, l'élite de la nation, et composée de ces hommes qui avaient été choisis pour régénérer notre patrie, se réunit, annonçant, par ses premiers décrets, qu'elle allait faire la guerre aux erreurs et aux préjugés. Des voix généreuses s'élevèrent dans son sein, et la tribune retentit de la proposition de déclarer que l'infamie des peines ne serait plus héréditaire. Je bondis de joie à ces nobles accents : il me semble que je vais retrouver mon pays, ma famille; je pourrai, sans rougir, reprendre, à la face de mes concitoyens, mon nom purifié par la loi. Le décret est rendu [1], me

1. Décret de l'Assemblée constituante du 20 janvier 1790.

voilà réhabilité ; je quitte Paris, je vole vers mon berceau, je me montre, je me nomme, je me jette dans les bras des amis de mon enfance. Grand Dieu! quel accueil j'en reçus! Ils ne me repoussaient pas comme autrefois; ils ne me fuyaient pas comme un maudit, la loi le défendait, et, philosophes de salons, ils auraient eu honte de démentir, par trop de répugnance, des principes qu'il était de mode d'afficher; mais ils évitaient de me rencontrer, et, si je les abordais, une politesse, aussi froide qu'ils cherchaient à la faire paraître empressée, glaçait nos entretiens et refoulait dans mon cœur les épanchements d'une tendre amitié. Désespéré de trouver des hommes si imbus de préjugés avec des lois si généreuses, je repris le nom que j'avais quitté et je m'engageai dans un régiment qui marchait à la défense des frontières menacées par l'étranger. J'ai voué vingt ans de ma vie à l'indépendance de ma patrie; pendant quinze ans je me suis efforcé d'utiliser ma retraite, et j'ai consacré tous mes loisirs à vous prêcher l'amour du travail et de la paix, à éteindre vos discordes, à détruire vos préjugés, et tout cela n'aurait abouti qu'à vous voir reculer avec effroi du lit de mort du vieux fils d'un condamné! Malheureux! c'est en vain que mon sang a coulé pour mon pays, il n'a point lavé la tache imprimée à mon nom, et cette croix, qui en fut le prix, ne peut la cacher à vos yeux.

« Quoi! nul de vous ne s'approchera pour presser ma main et me dire un dernier adieu! Où êtes-vous donc, pères de famille que j'ai servis de mes conseils; vous fils égarés que j'ai ramenés dans les bras de vos parents; vous plaideurs opiniâtres dont j'ai terminé les procès; vous voisins divisés que ma table a réunis; vous malheureux que j'ai secourus...? Je ne vous demande plus qu'une grâce : puisque je vous fais horreur, et que vous redoutez jusqu'au serrement de ma main, aussitôt que la mort m'aura fermé les yeux, que deux d'entre vous me portent au champ du repos, sans éclat, sans honneurs; qu'ils m'y déposent dans un coin écarté, et quand le prêtre aura récité les prières de l'Église sur ma cendre, qu'une pierre la recouvre à jamais. Point de noms, point de pompeux éloges : rien qu'une pierre, et puissent bientôt la ronce et l'ortie la cacher, et effacer, jusque dans ma poussière, la trace de mon passage ici-bas. »

Il ne put en dire davantage : sa voix, épuisée par les efforts qu'il venait de faire pour exprimer les sentiments qui l'agitaient, sembla s'éteindre dans une faiblesse. L'assemblée, émue par ce

spectacle déchirant, entraînée par ce mélange de raison, de désespoir et de tendresse, se précipita vers le mourant, et lui prodigua les témoignages de l'affection la plus vive et des regrets les plus sincères. Il revint à lui peu à peu, et, saisissant, avec ce tact exquis qui ne l'avait jamais abandonné, le moment favorable d'achever l'ouvrage qu'il avait commencé : « Je vous remercie, dit-il, mes amis, de ces preuves de votre attachement, elles m'ont fait oublier le mal passager que vous m'avez causé; mais n'avez-vous blessé que moi, et suis-je, parmi vous, la seule victime de ce préjugé dont vous avez tant de peine à secouer le joug? Oubliez-vous ces voisins, ces amis, cette jeune fille surtout que vos mépris ont affligés? Mourrai-je, mes enfants, la laissant abandonnée à elle-même et bannie de la famille? Romprez-vous les liens qu'elle allait former?...
« Non! non! s'écria l'un d'eux, je vous le jure,
« dès ce jour elle est ma femme.... — Oh! oui,
« elle sera ma fille », ajouta une autre voix....
« J'attendais ces mots-là, reprit le capitaine : oui, qu'elle soit votre fille, votre femme, aimez-la tous deux pour ses bonnes qualités; aimez-la pour ses malheurs. Mais vous, mon jeune ami, ne cessez de vous bien conduire; soyez honnête homme, bon époux et bon père, et les enfants

qui naîtront de vous pourront, sans baisser les yeux, avouer leur origine et décliner les noms de tous leurs parents. »

A peine eut-il prononcé, d'une voix entrecoupée, ces dernières paroles, qu'il ferma les yeux et expira.

NE VOUS METTEZ PAS

A LA DISCRÉTION DE VOS ENFANTS

OU

ENTRETIEN SUR LES DANGERS DES DÉMISSIONS DE BIENS [1]

« Honorez votre père et n'oubliez pas les
« douleurs de votre mère. »
(*L'Ecclésiastique*, chap. VII, verset 29.)

« Tant que tu vis et que tu respires, ne t'assujétis à personne; car il vaut mieux que tes enfants te prient, que d'attendre rien des mains de tes enfants. »
(*L'Ecclésiastique*, chap. XXXIII, verset. 21-22.)

Mes chagrins m'ont appris qu'un père infortuné
N'est qu'un fardeau pesant, quand il a tout donné.
(DUCIS, *le Roi Lear*).

Vous avez des enfants, méritez leur amour;
Mais si vous redoutez de trop souffrir un jour,
N'ayez jamais pour eux de lâche complaisance,
Et ne renoncez point à votre indépendance.
(ÉTIENNE, *les Deux Gendres*.)

BRÉMONT, vieillard, LE MAIRE ET L'ADJOINT

La commune de Bréyange possède un riche hôpital; elle le doit à la générosité d'un de ses

1. La démission de biens est l'acte par lequel des parents abandonnent leurs biens à leurs héritiers.

enfants; simple ouvrier dans une fabrique, cet homme s'y était si bien conduit, il s'y était montré si intelligent, si laborieux, si dévoué aux intérêts du fabricant qui l'avait pris à son service, qu'il y était successivement devenu maître ouvrier, chef d'atelier, régisseur, associé, et qu'à la mort du propriétaire, les héritiers de celui-ci lui avaient vendu cet établissement. Maître de ses actions, il y avait appelé sa famille autour de lui; il avait recueilli ses vieux parents, et les avait logés dans la plus belle partie de l'édifice; sous prétexte de se donner à son tour des associés, il avait enrichi ses frères et sœurs, il avait établi ses neveux et nièces, et, au bout de tout cela, il était arrivé, qu'en plaçant tous ses parents et en faisant leur fortune, il avait oublié de se marier et de se créer une famille pour lui transmettre la sienne. A soixante ans, il était trop tard pour y songer, ou plutôt une inspiration lui vint du ciel; il adopta tous les malheureux de la contrée, et, faisant deux parts de ses biens, il assigna à ses héritiers, pour en jouir quand il ne serait plus, la première, qui comprenait ses établissements industriels, et dota avec la seconde, qui consistait en cinq cents hectares de forêts et de prairies, un hôpital destiné à recevoir les jeunes orphelins, les vieillards infirmes et les malades de cinq communes. Il bâtit lui-même cet hôpital, et rédigea de sa main le règlement qui devait présider à son administration. Ce règlement était un modèle de sagesse, de bonté et de prévoyance. Dans les premiers moments, il voulut, pour s'assurer qu'il répondrait à tous les besoins, en surveiller lui-même l'exécution : l'hospice était élevé, meublé et pourvu d'un personnel convenable; l'on n'attendait plus, pour l'ouvrir, que la bénédiction de la chapelle, et cette cérémonie devait avoir lieu le lendemain.

Au jour où nous sommes, il remplissait ce rôle d'économe ou de surintendant qu'il s'était réservé pour quelque temps, et, en cette qualité, il dirigeait la récolte des foins dans une prairie considérable attenant aux bâtiments de son hôpital. Pendant que les faneurs s'étaient réfugiés à l'ombre d'un grand tilleul, pour y fuir l'ardeur du soleil et y prendre leur repas, il était allé, à quelques pas de là, s'asseoir au pied d'un autre arbre. L'adjoint du lieu, jeune cultivateur fort intelligent, était venu l'y rejoindre, pour s'entretenir avec lui des intérêts de la commune, dont lui-même était maire. Ils étaient entrés en propos et causaient déjà depuis quelques instants, lorsqu'ils virent, sur le chemin au bord duquel ils étaient assis, un vieillard s'avancer dans la direction du village; il allait lentement, s'arrêtait quelquefois et tournait ses regards vers un autre village qu'on apercevait derrière lui dans le lointain; puis il baissait la tête, et reprenait sa marche pour l'interrompre un peu plus loin. On aurait dit que, luttant contre lui-même, il s'éloignait d'un pays où le retenait une intime affection ou qu'égaré et incertain, il ne savait s'il voulait continuer sa route ou revenir sur ses pas.

La situation de cet homme n'avait pu échapper aux deux personnages que nous avons laissés, causant sous un tilleul; ils y prirent un intérêt toujours plus vif, à mesure que le vieillard s'approchait davantage; enfin, lorsqu'il fut arrivé auprès d'eux, ils le reconnurent, et le maire, interrompant la conversation, s'adressa à lui pour lui demander où il allait, et quelle était la cause de cette agitation extrême qui s'était trahie de si loin.

Nous allons les laisser parler.

LE MAIRE.

C'est vous, père Brémont; où allez-vous donc? Vous avez l'air bien affligé,... votre mise.... Père Brémont, je vous ai toujours cru un homme à l'aise; est-ce que vous auriez fait depuis peu quelque perte?

BRÉMONT

J'avais de la fortune...; mais je n'ai plus d'enfants!

LE MAIRE

Vous n'avez plus d'enfants?... Mais je n'ai pas ouï dire que la mort vous eût enlevé les vôtres.

BRÉMONT

Je vous dis que tous les fils sont des ingrats.... Non, les miens ne sont pas morts; mais vous n'en avez plus, du moment que vous n'avez plus rien à leur donner, ou qu'ils n'ont plus rien à attendre de vous. Je ne le sens que trop, hélas! moi, homme riche autrefois et pauvre maintenant, si je compare ce que j'étais alors avec ce que je suis à présent : je possédais des champs, des prés, des vignes, j'avais un nombreux bétail; ma maison regorgeait de denrées, mon coffre était plein de mon épargne, et maintenant je suis couvert de haillons, je n'ai pas un morceau de pain à mettre dans ma bouche, je ne connais pas le toit sous lequel je reposerai ma tête ce soir. Tenez, voyez d'ici, bien loin, au détour de ce bois, sur les bords de la rivière qui se perd derrière ce coteau, voyez ces joyeux faneurs qui conduisent à la ferme un char chargé de foin, ce sont mes fils qui récoltent l'herbe de mes prés; je n'aurai pas ma part de ces grasses moissons qui flottent à l'horizon; mes enfants m'ont chassé de la maison que j'ai bâtie de mes mains, et moi, qui tant de fois ai fait l'aumône à ma porte, je vais la demander à celle des autres.

LE MAIRE

Calmez-vous, père Brémont; asseyez-vous près de nous, dites-nous vos malheurs, peut-être pourrons-nous vous prouver que vous n'avez pas confié vos peines à des cœurs indifférents.

BRÉMONT

Vous savez que je m'étais marié à une bonne, à une excellente femme, qui n'avait, comme moi, apporté dans la communauté que des goûts simples, joints à l'amour du travail, de l'ordre et de l'économie; ce fonds avait prospéré dans nos mains, et, sans nous imposer de grandes privations, nous étions arrivés à l'âge de soixante ans, riches de trois enfants que nous avions élevés et établis, et d'une aisance que nous appelions une fortune. Nous sentions que nous avions mis nos enfants en situation de faire comme nous; mais, soit que nous eussions la pensée de leur fournir les moyens d'acquérir plus de richesses en leur faisant plutôt part des nôtres, soit que les temps nous parussent plus durs, et que nous voulussions les leur rendre meilleurs, nous leur partageâmes nos biens, et nous ne nous réservâmes qu'une rente qu'ils furent chargés de nous payer par tiers. La première année, donnant pour raison une mauvaise récolte, ils n'en acquittèrent qu'une partie; nous dûmes nous en contenter et nous vécûmes de ce qu'ils nous donnèrent, sans nous plaindre; ils s'en aperçurent, et, s'imaginant que nous nous étions encore trop réservé, ils firent tant, par leurs sollicitations et leurs promesses, que nous réduisîmes la rente de moitié : elle ne fut pas servie avec plus d'exactitude; nous ne touchâmes encore une fois qu'une partie de cette pension ainsi réduite, et, pour ne pas mourir de faim et accuser nos enfants, en laissant apercevoir notre misère, nous nous mîmes à travailler pour nos voisins; pour colorer cette extrémité, nous prétextions tantôt le désir de leur être utiles, et tantôt l'oisiveté à laquelle nous ne pouvions nous résoudre, après avoir mené une vie si active; mais bientôt nous ne pûmes plus tenir à un travail au-dessus de nos forces, l'âge amena les infirmités, ma femme tomba malade, les privations et les chagrins hâtèrent sa fin. Ce qui lui en rendait les approches plus douloureuses, c'est qu'elle sentait qu'une fois qu'elle ne serait plus avec moi pour me soigner, je ne traînerais plus sur la terre qu'une vieillesse pauvre et délaissée. Elle appela nos enfants, et, en présence du prêtre qui venait de l'administrer, elle leur fit promettre de s'entendre pour que l'un d'eux me prît avec lui, ou qu'ils s'arrangeassent pour me recevoir chez eux, tour à tour chacun six mois. Elle mourut; ils discutèrent ma pension, sou par sou, mais ils ne purent s'accorder, chacun d'eux demandant toujours trop ou ne voulant jamais donner assez. Ils aimèrent mieux porter successivement le fardeau que ma femme leur léguait. Mon fils aîné s'exécuta le premier : je dois lui rendre justice; brusque et violent, il n'avait pas toujours pour moi la déférence que commandaient ma qualité de père et mes cheveux blancs; il a un bon cœur, et, sous une écorce rude, il cache de la sensibilité, mais il est faible, crédule, accessible à la prévention; sa femme, d'un caractère altier et opiniâtre, envieux et dissimulé, le domine, lui souffle sa haine et le conduit d'autant plus sûrement, qu'elle a l'air d'accepter les opinions qu'elle lui suggère : elle ne peut aimer quelqu'un qu'elle n'en haïsse un autre; elle supportait ma femme, elle me déteste; elle a pris sa fille en aversion et réserve toute sa tendresse pour son fils. Elle m'a su mauvais gré de tempérer, par quelques caresses, les erreurs, pour ne pas dire les injustices de cette prédilection; grondait-elle la pauvre petite, je la consolais, je l'aidais dans son ouvrage; bientôt cette innocente sympathie ne me fut plus permise, et, quand je voyais pleurer l'enfant, il fallait me cacher pour pleurer avec elle. Je parlai une fois à mon fils de cette sévérité aveugle; il fit, à ce sujet, quelques représentations à sa femme, mais nous payâmes bien cher cette imprudence : ma bru vomit contre moi un torrent d'injures, et, nous gardant rancune, elle se mit à nous bouder; elle était trop habile pour laisser durer longtemps cet état de choses à l'égard de mon fils; elle se réconcilia donc avec lui, et je ne tardai pas à m'apercevoir que j'avais été sacrifié à l'accord conjugal; elle avait indisposé son mari contre moi, en me calomniant dans son esprit; je l'entendis un jour lui dire que j'étais au milieu d'eux un sujet continuel de discorde; que je ne me contentais pas de les brouiller ensemble, et que j'élevais leurs enfants l'un contre l'autre; que mes préférences pour leur fille leur feraient perdre son cœur, et qu'en gâtant son caractère, je rendrais son éducation impossible; qu'il n'y avait qu'un moyen de rétablir l'harmonie dans la maison, c'était de vivre chacun de notre côté, eux dans leur chambre, moi dans la mienne, où tous les jours, aux heures de repas, je serais servi un instant avant eux. Mon fils voulait la paix, il accepta ces conditions, et le lendemain, il me notifia ses volontés. Dès ce moment donc, je vécus à part; ma bru ne me parla plus; mon fils, pour ne pas lui déplaire, évitait de me rencontrer, ou de rester trop longtemps avec moi. Je les compris l'un et l'autre, et, pour épargner à mon fils la honte d'un lâche abandon, je pris le parti de m'enfermer dans ma chambre et de n'en plus sortir. Pendant quelques jours, on m'apporta assez exactement mes repas; mais bientôt, au lieu de me servir un peu avant eux, ils ne me servirent plus qu'après, et, au lieu d'une nourriture suffisante, je ne reçus plus que les restes, non de leur table, mais de leurs assiettes. On me retrancha la viande et le vin; de mon vivre habituel, il ne me resta qu'un peu de soupe et de pommes de terre, et, à soixante-quinze ans, je commençai à souffrir la faim : je ne m'en plaignis point, mais ma petite Marguerite, qui voyait ce qu'on m'envoyait par son frère, car on la grondait chaque fois qu'elle mettait les pieds dans ma chambre, était trop attentive pour ne pas s'apercevoir du besoin qui me tourmentait; elle épiait le moment où, sortis pour se rendre aux travaux de la campagne, mon fils et ma bru la laissaient seule à la maison; elle venait causer avec moi, et trouvait toujours moyen de me laisser, en me recommandant de le manger, le morceau de pain qu'on lui avait donné le matin pour son déjeuner. Une fois, qu'elle était restée plus longtemps que de coutume avec moi, et qu'en me quittant, elle me remettait, malgré mes refus, des fruits qu'elle avait reçus pour son goûter, sa mère, qui l'avait surprise en revenant plus tôt que de coutume à la maison, entra contre elle dans une si violente colère, qu'elle la frappa sous mes yeux, et proféra contre moi mille injures. Je n'y pus plus tenir; je n'attendis pas le retour de mon fils; je partis, et, comme le semestre que je devais passer chez lui, expirait le lendemain, j'allai droit chez mon second fils.

Il fut loin de me savoir gré d'avoir devancé de vingt-quatre heures l'époque où je devais devenir son hôte, et, sous prétexte de se plaindre que je le prisse à l'improviste, il me fit entendre des reproches qui me présageaient des procédés encore plus indignes que ceux que j'éprouvais dans la maison de son frère. Il faut que je l'avoue, si celui-ci me négligeait par peur de sa femme, l'autre, dur et avare, s'entendit parfaitement avec la sienne, qui le valait du côté du cœur, pour me faire éprouver les plus indignes traitements. Il avait une famille nombreuse, ce fut un motif pour ne pas me donner une chambre; on me plaça un lit dans le grenier; il était mal couvert, et, une fois l'hiver arrivé, le froid ne me permit pas d'y fermer l'œil deux heures de suite pendant la nuit : le jour, je me tenais assis, sans oser rien dire, dans un coin du poêle [1]; à l'heure des repas, je ne mangeais pas à table avec la famille; elle avait une nourriture à part; pour moi, on me servait un peu de soupe dans mon coin, et, pendant que je les voyais se rassasier d'une bonne nourriture, je rongeais seul un reste de pain dur que je trempais de mes larmes, en m'efforçant de dérober à leurs yeux ces marques d'une affliction dont ils m'auraient fait un crime. Le coucher et le manger vous donneront une idée du vêtement; mes enfants devaient m'entretenir en tout temps d'habits appropriés à ma position; ils ne les renouvelèrent pas une seule fois; s'ils étaient usés ou déchirés, on ne prenait pas la peine de les réparer ou de les remplacer; tant que deux lambeaux tenaient ensemble, je les portais; si enfin mon état de nudité les faisait

1. Chambre commune chez les habitants de la campagne.

rougir, mon fils me donnait une de ses plus vieilles mises-bas, et les restes de son habillement servaient ainsi à me vêtir comme ceux de sa table à me nourrir. Lorsqu'il me traitait avec si peu d'égards, ce n'était pas pour que ses enfants eussent pour moi des procédés meilleurs que les siens. Ah! s'ils m'avaient seulement laissé tranquille! Mais il n'y a nulle sorte d'injures qu'ils ne m'aient fait éprouver : contrariétés continuelles, plaisanteries grossières, sobriquets humiliants, j'en ai tout enduré : tantôt l'un me guettait pour me tendre un piège et me faire trébucher dans l'obscurité; tantôt un autre, s'élevant sur les bras de mon siège, s'approchait de mon visage et y déposait un outrage, lorsque mes bras s'ouvraient pour lui donner une caresse. Faut-il vous le dire? Un jour que je m'étais plaint à mon fils de tant d'ignominie, et qu'il en avait réprimandé ses enfants, je trouvai, en me couchant, mon lit souillé d'ordures. Y tenir plus longtemps était au-dessus de mes forces, le chagrin me fit tomber malade : je restai alors seul dans mon grenier, exposé à toutes les rigueurs de la saison : on n'appela point de médecin, on ne me donna aucun remède, on ne m'apporta pas même un verre de boisson, et le jeûne fut le seul traitement qu'il me fut permis de suivre. J'allais succomber; sentant ma fin approcher, j'invoquai les secours de la religion; mais on comprit à quels justes reproches on s'exposerait, si on laissait pénétrer le prêtre et les voisins dans mon réduit; on me descendit dans la chambre de mon fils; on me plaça dans son lit, et, joignant à l'ingratitude le mensonge et l'hypocrisie, on étala autour de moi, avec une sorte d'ostentation, tous ces meubles, tous ces ustensiles qui contribuent tant à soulager la position d'un malade : je fus donc administré au milieu de ce luxe d'appareils; mais, le prêtre et les assistants partis, on me remporta dans mon grenier pour mourir. Le ciel ne permit pas que leurs vœux impies fussent exaucés : à défaut de mes enfants, la Providence veilla sur moi; la nature fut plus forte que la maladie, elle trompa leurs désirs, et je revins à la vie, assez à temps pour aller passer chez mon gendre le premier semestre de ma seconde année de veuvage : le jour où je quittai la maison de mon fils, fut le seul où je n'y fus pas maltraité : je m'assis à table avec sa famille, sans doute pour y fêter mon départ, et, ce jour, en faisant mes adieux à ma bru, je la vis, pour la première fois, me répondre le sourire sur les lèvres.

Mon Dieu! pourquoi n'ai-je pas terminé là ma

triste carrière? Pourquoi me faire revivre, si vous me réserviez des nouvelles afflictions? Oh! oui, j'en ai bien enduré chez mes fils, mais j'ai plus souffert encore chez ma fille, parce que j'ai souffert avec elle, et que je l'ai vue souffrir pour moi.

Ma fille, mes bons amis, c'est le portrait de sa pauvre mère : bonne, douce, patiente, affectueuse comme elle, elle aurait voulu me la rappeler par sa tendresse, et me faire oublier, à force de soins et d'attentions, la cruelle ingratitude de ses frères. Oh! les beaux, oh! les bons jours que je passai chez le meilleur de mes enfants! Heureuse de m'avoir près d'elle, j'étais heureux de vivre avec elle, au milieu de sa famille qu'elle édifiait par ses bons exemples : bien couché, bien vêtu, bien nourri, je ne manquais de rien, et mon cœur était plein d'une douce satisfaction. Les enfants contribuaient avec la mère à l'augmenter et à l'entretenir; c'était à qui des plus grands devinerait et préviendrait mes désirs; les plus petits n'étaient bien qu'avec moi ou sur mes genoux, où ils venaient m'apporter leurs caresses et se disputer les miennes : tous les jours, avant de se coucher, depuis le premier jusqu'au dernier, ils venaient joyeusement déposer leur baiser sur ce front où les enfants d'un autre avaient imprimé tant d'outrages.

Pourquoi faut-il que mon excellente Marie soit devenue l'épouse d'un homme aussi avare qu'il est dur et laborieux. Chez lui, l'ordre n'est pas l'auxiliaire de l'économie et du travail, c'est l'instrument actif, infatigable, d'une insatiable cupidité, qui spécule au jour le jour, entasse d'heure en heure ses profits, et ne laisse jamais passer une semaine sans évaluer ses épargnes.

Je fus heureux tant qu'il ne lui vint pas à l'esprit que je pusse lui rien coûter; mais du moment où, relevant ses comptes, il s'aperçut qu'on avait consommé dans la maison quelques livres de pain ou quelques poignées de légumes de plus que de coutume, et qu'on avait vendu un peu moins de laitage, il se répandit devant moi en reproches contre les prodigalités de sa femme : à la fin du mois, ce fut bien pis encore, les chiffres s'étaient accrus et avaient fait ressortir davantage la dépense; ma fille, pour ne pas me laisser trop longtemps seul à la maison, y faisait rester avec moi quelques-uns de ses enfants, ou revenait de meilleure heure de l'ouvrage : c'était une scène nouvelle chaque fois qu'il l'avait remarqué; il s'écriait qu'il s'épuisait à me nourrir, et que je n'étais venu m'établir chez lui que pour faire sa ruine. Pour l'apaiser ou pour prévenir ses plaintes, ma fille ne restait plus au logis avec moi, et emmenait ses plus petits enfants à la campagne avec elle. Ce n'était pas encore assez, il ne pouvait voir, sans se mettre en colère, un homme oisif dans sa famille; c'était, disait-il, une bouche inutile qui mangeait tout ce qu'il gagnait. Ma fille y pourvut encore, en mettant toujours plus d'économie dans la conduite de son ménage; elle ne retranchait rien du nécessaire de ses enfants; mais elle faisait argent des fruits qu'elle ajoutait de temps en temps au pain sec de leurs petits repas; enfin, de mon côté, j'imposais silence à mon appétit, pour manger moins, et, faisant un effort sur moi-même, pour gagner les bonnes grâces de mon gendre, je lui offris tous les services que mes soixante-seize ans me permettaient de lui rendre; il les accepta : il me mit donc un bâton entre les mains, et j'allai garder le bétail avec les jeunes pâtres du village. Il était dur de devenir le dernier des serviteurs de l'homme que je regardais comme mon enfant : je versai des larmes amères sur la cruelle extrémité à laquelle j'étais réduit, néanmoins, je ne m'en plaignis pas, puisque j'étais avec ma fille et que j'achetais à ce prix sa tranquillité.

Le trait le plus prononcé du caractère de mon gendre n'est pas l'avarice; tout cupide qu'il est, il l'est encore moins qu'envieux.

De mes trois enfants, ma fille s'était mariée la dernière : je lui avais donné une dot en rapport avec ma fortune; une grêle et un incendie avaient presque ruiné mon fils aîné, je l'avais aidé à relever sa maison et à payer son fermage : quand le second s'était établi, je lui avais laissé ma ferme et loué mes terres, en même temps que je lui avais cédé mon train de labourage à un prix modéré; mon gendre, bien plus riche qu'eux, m'avait reproché d'avoir indirectement avantagé mes deux fils : il ne pouvait me le pardonner, et il ne se passait pas de jours sans qu'il ne me le rappelât par des allusions injurieuses. Sa famille d'ailleurs entretenait son ressentiment, et ses propos tendaient sans cesse à l'aigrir contre moi et à aliéner à ma fille le cœur de son mari.

C'était hier la fête du village; pendant que les plus pauvres se réjouissaient, j'étais allé conduire le bétail en pâture; revenu le soir, je me présentai pour prendre ma place à la table de mon gendre, autour de laquelle tous ses frères et sœurs étaient rangés; une préférence qu'en me servant une fois le premier, ma fille m'accorda, moins à raison de mon âge et de ma qualité de père, qu'en considération de ce que, absent depuis midi, elle supposait que je devais avoir plus besoin de manger, amena une observation désobligeante de la part d'une de ses belles-sœurs ; ma fille et moi nous la laissâmes passer sans la relever ; mais, s'imaginant que nous dédaignions son attaque, cette femme insista par une allusion plus directe, et continua sur ce ton jusqu'à ce que, voyant que nous gardions toujours le silence, elle éclata et dit avec l'accent de la colère :

« Il est juste que chez son gendre un beau-père ait toutes les préférences, quand il réserve toutes les siennes pour ses fils, qui lui en sont si reconnaissants, qu'ils se débarrassent de sa personne aux dépens de l'homme simple qui a épousé leur sœur.

— Il en est une au moins, dit ma fille avec douceur, et presque les larmes aux yeux, que mon père nous devait, si jamais ils oubliaient leurs devoirs envers lui, ce serait de nous choisir pour ses hôtes et de rester avec nous.

— Sans doute, afin d'avoir des occasions plus fréquentes de nous faire des affronts. Si vous cherchiez un moyen de nous chasser de la maison de notre frère, il fallait prendre moins de détours et venir droit au fait : nous vous comprenons, nous ne nous le ferons pas dire deux fois ; de ma vie je ne remets le pied chez vous tant que cet homme y sera, et vous m'avez vu aujourd'hui pour la dernière.

— Je vous retiendrais, reprit ma fille en pleurant, si je ne croyais que vous ne voulez qu'un prétexte pour sortir.

— Vous l'entendez, mon frère; on nous chasse de chez vous : allons, que faisons-nous encore ici, partons tous. » A ces mots, tous se levèrent pour partir. Mon gendre qui n'avait pas dit un seul mot jusque-là, mais que je voyais, l'œil en feu, contenir avec peine la colère qui l'étouffait s'écria :

« Je ne me brouillerai pas avec ma famille pour un homme qui n'a apporté ici avec lui que la discorde et la ruine : qu'il parte à l'instant, ou je.... [1] » Et en même temps, il se dirigea vers moi, en faisant de la main un geste si menaçant, que ma fille effrayée se leva à son tour, hors d'elle-même et se jeta au-devant de lui pour l'arrêter : « Au nom de Dieu! » dit-elle.... Mais il ne la laissa pas achever, et, la prenant par le bras, il la repoussa si rudement, qu'il l'envoya tomber au pied d'un lit placé à l'extrémité de la chambre. Je courus la relever, puis m'adressant à mon gendre : « C'en est assez, lui dis-je, je ne trou-

1. « Celui qui dépouille son père et chasse sa mère est misérable et infâme. » (*Proverbes*, chap. XIX, verset 26.)

blerai pas plus longtemps la paix dont vous jouissez ici, quand je n'y suis pas; je m'en éloigne pour vous épargner peut-être un crime; je vous en conjure à genoux, ne faites pas souffrir ma fille à cause de moi; c'est la seule grâce que je vous demande, et puisse la bénédiction du ciel descendre sur vous pour vous en récompenser! »

Je ne pus en dire davantage, ma voix était pleine de sanglots : rassemblant alors toutes mes forces, je m'élançai vers la porte, et je sortis : je compris par quelques paroles qu'ils prononcèrent que ma fille voulait me suivre, mais on la retint, et sa belle-sœur se plaça en travers de la porte pour l'empêcher de courir après moi.

Pour moi, je montai droit à ma chambre, j'y pris ce bâton d'épine et ce sac où je mettais mon pain quand j'allais en pâture, et je m'éloignai du village, à grands pas, comme un malfaiteur que la justice poursuit. Je marchais au hasard le long du chemin qui conduit au village que vous habitez; arrivé au coin du bois, les forces me manquèrent, je ne pus aller plus loin, et je m'assis sous ce chêne où les moissonneurs ont l'habitude de prendre leur repas : je pleurais,... je pleurais sur moi-même, mais je pleurais surtout sur ma fille, en pensant aux inquiétudes qui devaient la tourmenter en ce moment : enfin, accablé sous le poids de la fatigue et des chagrins, je me suis endormi un peu avant le jour, mais j'ai bientôt été éveillé par la fraîcheur du matin, je me suis levé et m'en suis allé, de crainte d'être rencontré par quelque habitant du village : j'ai erré quelque temps, puis je me suis dirigé, est-ce de moi-même, est-ce par la volonté du ciel? de votre côté.... C'en est fait, je ne reverrai plus mes enfants, leur hospitalité est trop dure : j'irai de porte en porte, demander l'aumône de l'étranger : le pain que la charité déposera dans ce sac, le seul bien qui me reste, me sera moins amer que celui de mes fils, et, quand je le mangerai, il ne sera peut-être pas trempé de mes larmes. Mais pourquoi vous entretenir de mes malheurs? Pourquoi vous attrister par le spectacle de ma misère? Adieu, messieurs, que mon exemple vous profite, à vous, au moins, jeune homme, et, si vous êtes sage, ne comptez jamais sur le cœur de vos enfants, car tous les fils sont des ingrats.

L'ADJOINT

Je le reconnais, père Brémont, les vôtres le sont, mais ceux qui leur ressemblent sont de rares exceptions, et croyez qu'il est encore au monde plus d'enfants qui se souviennent de ce qu'ils doivent à leurs parents, qu'il n'en est qui l'oublient.

LE MAIRE

Mon jeune ami, je crains que vous ne vous trompiez; vous jugez les hommes trop favorablement, et parce que vous êtes bon fils, vous croyez qu'il n'en est point de mauvais. Voulez-vous en faire vous-même l'expérience? Asseyez-vous aux portes d'une ville ou d'un village, interrogez les pauvres qui viendront à passer, et vous serez effrayé du nombre de vieillards dont la misère n'a d'autre cause qu'une monstrueuse ingratitude. Pénétrez dans le cabinet du juge de paix, dans celui du procureur du roi, écoutez-y, pendant quelques jours, les plaintes dont ces magistrats sont confidents, et vous verrez combien il est d'enfants qu'un père est obligé de traîner devant les tribunaux pour les contraindre à l'assister dans ses besoins, ou à acquitter la rente qu'ils lui ont promise en échange de sa fortune : enfin, les fils avares et ingrats sont si nombreux, qu'il a fallu, pour ainsi dire, placer le tribunal auprès des pères de famille, et permettre au juge de paix de condamner leurs enfants à les nourrir.

L'ADJOINT

Mais ne pourrais-je pas vous reprocher d'exagérer la perversité du cœur humain : vous faites peut-être, à votre insu, comme le père Brémont; il juge tous les fils par les siens, et vous, vous jugez tout le pays par un canton, toute l'humanité par un peuple, et la moralité de ce peuple par la corruption d'une époque. Cette ingratitude, que vous reprochez aux enfants, n'est tout au plus que l'effet de causes passagères, qui tiennent aux temps, aux mœurs et aux habitudes de certaines contrées.

LE MAIRE

Sans doute, cette ingratitude tient beaucoup aux mœurs et au relâchement du lien social, qui est la plaie de notre époque, mais c'est aussi un peu le vice de notre nature, non pas que Dieu ait mis dans le cœur de l'homme l'ingratitude des enfants à côté de l'excessive bonté des parents; mais telle est l'imperfection de notre propre nature que nous exagérons tout, même le bien [1] : c'est ainsi que la bonté amène la faiblesse; l'amour du plaisir, la débauche; celui de l'ordre, la cupidité. L'homme riche veut l'opulence, il y atteint, et il aspire à la puissance; l'homme aisé désire la richesse, elle lui vient, et elle ne le

1. « La doublure de toutes nos vertus est d'ordinaire un défaut, auquel on la voit se mélanger, sitôt qu'elle vient à pousser en delà. » (Montaigne.)

satisfait point; celui qui n'a rien, serait heureux s'il possédait quelque chose; il travaille pour l'acquérir, il épargne pour l'amasser; ce peu qu'il obtient est le produit de ses peines; c'est un fruit que ses sueurs ont arrosé, que sa persévérance a fait mûrir, et il tient à chacune des parcelles qui composent cet avoir, à celle qu'il y ajoutera demain, à celles qu'il voudrait sans cesse y ajouter pour l'agrandir : c'est encore ainsi que, s'attachant à ce qu'il a et à ce qu'il désire, il est insatiable jusque dans ses vœux, et que chez lui la convoitise devient l'envie, et l'économie l'avarice. En effet, de l'une à l'autre, la voie est courte et la transition facile; on ne peut voir, sans regret, les autres obtenir ce que l'on convoite, posséder ce qu'on recherche; bientôt une secrète passion le leur dispute; on voudrait, en quelque sorte, le leur ravir, et, quand vous le sentez dans leurs mains, il semble qu'ils l'aient arraché aux vôtres. Ce n'est point assez de le posséder avec eux; la cupidité s'en contenterait, l'orgueil en veut davantage; il ne lui suffit plus qu'il ait comme eux, il faut qu'ils ne possèdent pas, comme lui; d'être riche comme eux, il faut que ceux-ci le soient moins : alors la dureté et le dédain s'en mêlent; l'amour excessif de la fortune fait qu'on méprise la pauvreté, qu'on rougit de n'être arrivé à l'une qu'en débutant par l'autre, et que, élevé d'un degré peut-être au-dessus des parents dont les efforts vous ont les premiers aidé à sortir de l'indigence, on détourne la tête pour ne pas les apercevoir dans le besoin où on les a laissés.

Telles sont les sources de l'ingratitude des enfants envers leurs parents, non seulement à la ville, mais aussi à la campagne ; l'homme est partout le même, ses imperfections sont une lèpre qui le ronge partout, sous les lambris dorés et sous le chaume. Jetons les yeux autour de nous, voyons et jugeons : l'ingratitude dont gémit le père Brémont, n'est que le résumé de celle de tous les fils ingrats. Ici ce sont des enfants qui, associés de bonne heure aux durs travaux de leur père, ont contribué, à l'édifice si long et si pénible de sa petite fortune ; ils se marient : dès le lendemain, l'économie avare les fait épargner pour eux ; ce père, qui vieillit, leur distribue tous les ans le superflu que des besoins bornés lui laissent sur ses revenus : fatigués de recevoir en détail, et impatients de s'emparer d'une succession qu'ils brûlent d'ajouter à leur propre avoir, ils le sollicitent, ils le tourmentent : il cède et, leur partageant sa fortune, il se dépouille de son vivant : à l'instant même, les rôles changent, il a brisé son pouvoir et rompu les liens de leur dépendance : heureux de leur donner, il leur donnait tous les jours; heureux de recevoir, tous les jours ils se montraient reconnaissants en recevant ses dons : maintenant ils lui payent, comme par grâce, la rente qu'il s'est réservée; toute modique qu'elle est, on dirait qu'elle va les ruiner, et, eux qui trouvaient autrefois qu'il ne leur donnait jamais assez, trouvent à présent qu'ils lui donnent trop, quand cette rente égale à peine ses présents annuels; enfin, il s'est placé sous leur propre dépendance, il s'est mis à leur pain, et l'aumône qu'ils lui portent semble un vol qu'il leur fait.

Qu'il ait aidé l'un d'eux plus que les autres, que des attentions plus délicates, une soumission plus respectueuse chez l'enfant, aient fait naître, chez le père, une préférence qui s'est traduite en un mince cadeau; malheur à ce père, s'il se démet de ses biens en faveur de ses enfants! parce que, une fois il s'est laissé aller à cette innocente préférence, ils se croiront dispensés de lui fournir ce qui lui est dû; leur ingratitude, à leurs yeux, n'est que le juste retour de l'inégalité de son affection; il devient pour eux une charge, et ils la rejettent sur celui qu'il a doté de tant d'avantages. Il l'a pris pour son favori, disent-ils, que son favori le nourrisse; il n'avait de plaisir qu'à lui donner, il n'en doit avoir qu'à recevoir de lui : ce que nous lui donnerions, il le lui rendrait, et ce dont nous priverions, pour l'aider, irait rejoindre, dans les mains de cet enfant chéri, ce dont il nous nous a frustrés. C'est ainsi que, leur père n'ayant plus rien à donner, ils s'imaginent, pour se dispenser de tenir leurs engagements, qu'il donnera sans cesse, et qu'ils ne refusent de lui payer ce qu'ils lui doivent, que pour l'empêcher de faire ce qu'ils nomment d'injustes largesses.

Laissons cette hypothèse, et supposons une famille moins nombreuse, un fils unique, des parents qui n'ont travaillé, qui n'ont économisé, qui n'ont amassé, qui n'ont enfin vécu que pour lui; partis de la pauvreté, ils avaient atteint l'aisance quand ils ont fait son éducation, la fortune quand ils lui ont donné une compagne et un état. Leurs habitudes simples, leur mise grossière, l'incorrection de leur langage jurent auprès de l'élégance de la jeune femme, de la recherche de sa tenue et du vernis brillant de son instruction; il y a là un contraste qui embarrasse ce dur fils, ce jeune et complaisant mari; il ne songe qu'à s'en délivrer. D'autres idées et d'autres mœurs lui ont donné d'autres besoins : la fortune de ses père et mère a beau y pourvoir, il n'en est pas plus reconnaissant; non content de ce qu'il a déjà, et pressé de jouir, il veut posséder, avant le temps, ce qui doit lui revenir un jour; bien que la main qui le détient l'augmente et le lui livre à mesure que ses appétits le sollicitent, elle l'embarrasse quand elle se montre, et, désireux d'obtenir sans cesse, il ne lui tend qu'avec répugnance la sienne pour recevoir. Ses parents le comprennent; par un excès d'amour qui amène celui de l'ingratitude, ils se dessaisissent de leur fortune et la lui abandonnent. Dès ce moment ils lui deviennent étrangers, ou plutôt ils sont, pour lui, des surveillants importuns qu'il éloigne : tout change autour d'eux; les dispositions intérieures qui s'accordaient avec leur manière de vivre, il les détruit; les meubles qui leur étaient chers, il s'en sépare; ses vieux parents ont leur ménage qui n'est plus le sien, et, tandis qu'il les relègue dans quelque coin obscur, vers la chambre des domestiques ou vers l'étable, son appartement vaste et somptueux s'épanouit en plein midi, en face de la riante avenue du jardin. Ils n'aperçoivent plus leur fils qu'à la dérobée; il se passe des semaines entières sans qu'il les visite; ils ne voient guère de cette famille, qui les a bannis de leur demeure, que les enfants insoumis qu'on envoie près d'eux, comme en un lieu de punition. Vient-il un étranger dans la maison, pour ne pas le rendre témoin de leur gaucherie rustique, on interdit aux vieillards de sortir de leur réduit ; enfin, pour comble d'humiliation, leurs amis sont consignés à la porte, et, contraints eux-mêmes de rompre avec tout ce qu'ils ont connu, fréquenté et aimé, il ne leur est plus permis d'avoir d'autre société que les domestiques de la maison.

L'ADJOINT

Vous conclurez donc de tout cela, qu'un père ne doit jamais rien donner à ses enfants....

LE MAIRE

À Dieu ne plaise! mais qu'il ne doit jamais se dépouiller de sa fortune, pour se mettre à leur discrétion : la prudence et la raison sont d'accord pour mettre des bornes à sa générosité. Il importe à la société, il importe à la morale, il importe à celui dont ici-bas nous ne faisons qu'accomplir la volonté, que l'autorité paternelle ne perde pas son empire, et que cette puissance, dont tous les pères de famille sont chacun individuellement les dépositaires et les représentants, ne tombe pas dans le mépris. Elle est le fondement de la société ; ébranlez le crédit de l'une, vous diminuez la solidité de l'autre. Un moraliste a dit que l'ingratitude des enfants envers leurs pères était la plus odieuse et la plus commune[1]; on peut dire, pour compléter cette pensée, que les parents injustes sont les plus rares et que, de toutes, leur avarice est la moins dangereuse. Le fils aura toujours ce que son père retient, mais ce qu'il refuse à celui-ci la veille, pourra-t-il le lui rendre le lendemain? D'ailleurs, est-il donc si difficile à des parents d'aimer leurs enfants? Ne leur ont-ils pas donné le jour? Ne les ont-ils pas élevés? Ne s'y sont-ils pas attachés en leur prodiguant leurs soins? N'ont-ils pas recueilli leurs caresses et ne les ont-ils pas couverts de leurs baisers? n'ont-ils pas été heureux de leur bonheur, à tout âge et en tout temps, n'ont-ils pas triomphé de leurs succès? La nature, enfin, ne les porte-t-elle pas incessamment vers ces créatures qui sont la plus chère part d'eux-mêmes, et, par égoïsme, en amassant, doivent-ils songer à d'autres qu'à leurs enfants?

L'ADJOINT

Mais ne craignez-vous pas de laisser les enfants dans le besoin, en empêchant les parents de leur

1. Vauvenargues.

donner. A force d'épargner par prévoyance, le père épargnera pour entasser; comme vous l'avez fait voir chez le fils, l'ordre, chez lui, se changera en avarice, et le cœur s'endurcira faute de se dilater.

LE MAIRE

Je n'en crois rien : le père a toujours assez d'inclination à donner à ses enfants, et si vous observez bien le monde, vous verrez que l'inclination contraire n'y est pas le partage de la plupart des pères de famille. Certes, entre deux défauts, on ne saurait donner la préférence à aucun; mais, malgré l'éloignement qu'ils m'inspirent l'un et l'autre, je pardonne plus facilement encore au père avare qu'au fils ingrat : le plaisir de donner et de se ménager, en donnant, des jouissances jusqu'à sa dernière heure, aura toujours assez d'attraits, aux yeux du premier, pour le rendre généreux, en suivant le penchant de la nature : le second sera faiblement retenu par le sentiment du devoir, une fois que ce sentiment sera combattu par ses intérêts.

Mais c'est assez nous tenir aux extrêmes, descendons à ce juste milieu de morale pratique, où le cœur se rencontre avec la raison. Je me sens tout aussi peu de sympathie pour ces parents qui ne font du bien à leurs enfants qu'après leur mort, que pour ceux qui leur nuisent, en leur en faisant trop de leur vivant : il ne faut pas que le fils souffre dans la gêne quand le père est dans l'aisance, et que, haletant sous le poids du jour, l'un ne vive que d'un pain trempé de sueurs, tandis que l'autre s'engraisse mollement dans l'abondance et l'oisiveté [1] ; il ne faut pas davantage, quand le fils se délecte au sein d'une opulence qu'il tient des largesses de son père, que celui-ci végète ignominieusement à l'écart, soutenu par ses dures aumônes.

Un père, ou une mère, si la femme survit au mari, doit toujours rester le chef de la famille, et offrir en tout temps le résumé de sa fortune comme de ses vertus : le rôle qui lui appartient, c'est d'en être le lustre ; si la richesse est venue s'y établir, c'est par ses mains que sa source doit y couler, pour répandre la vie partout, et jusqu'aux derniers rejetons d'une sève abondante.

1. « Je trouve que c'est cruauté et injustice de ne recevoir nos enfants au partage et société de nos biens, et compagnons en l'intelligence de nos affaires domestiques, quand ils en sont capables, et de ne retrancher et resserrer nos commodités pour pourvoir aux leurs, puisque nous les avons engendrés à cet effet. C'est injustice de voir qu'un père vieil, cassé et demy mort, jouisse seul, à un coing du foyer, des biens qui suffiraient à l'advencement et entretien de plusieurs enfants, et qu'il les laisse cependant, par faute de moyens, perdre leurs meilleures années, sans se pousser au service public et cognoissance des hommes. » (Montaigne, *Essais*, liv. II, chap. VIII.)

On ne donne jamais trop quand on se réserve assez : je veux donc qu'un père donne suivant ses moyens, beaucoup, s'il a beaucoup, jamais assez cependant pour dispenser ses enfants du travail, qui est la loi commune de l'humanité, et pour les exposer à ces dangereuses jouissances de l'oisiveté, qui manquent rarement d'amener, à leur suite, la négligence, la paresse, la prodigalité, le désordre et la ruine : je veux même qu'il leur donne au point de les enrichir, mais jamais au point de s'appauvrir et de se placer sous leur dépendance : il faut qu'en se dépouillant d'une partie de son avoir, il ne change rien aux nécessités de son existence, et qu'il reste toujours maître de lui-même et de ses enfants, en leur laissant sentir qu'ils ont encore quelque chose à attendre de lui. Car, lorsqu'il s'agit du nécessaire, il vaut mieux le tenir que de le recevoir, et le devoir à soi-même qu'à autrui. Enfin, je consens à ce qu'il leur donne sans cesse, mais je ne saurais me résoudre à le voir en attendre quelque chose. Ses dons passés ne sont plus rien pour eux, dans le présent, tandis que la pension ou la rente, qu'ils lui portent maintenant, a toujours l'air d'un sacrifice qu'ils s'imposent et d'une aumône qu'ils lui font.

S'il leur abandonne sa culture, qu'il la leur loue, mais qu'il s'en réserve la propriété; qu'il la leur laisse à un prix de faveur, mais qu'il puisse, en cas d'inexécution de ce bail, le transférer à un autre. Il est riche, opulent, le revenu de ses biens dépasse de beaucoup ses besoins, et ses revenus annuels deviennent un embarras plutôt qu'un avantage; je l'approuve alors de faire deux parts de sa fortune, l'une pour lui, l'autre pour ses enfants; mais que celle qu'il se réserve soit encore supérieure à la dépense de sa maison; qu'il se ménage ainsi le moyen de secourir, le cas échéant, le fils qui éprouverait des revers, ou ceux de ses parents qui viendraient implorer ses secours. Ce qu'il retient n'est pas perdu pour ses héritiers : leur imprévoyance risquerait de le prodiguer en de folles dépenses; la sage administration d'un père de famille, éclairé par l'expérience, ne le conservera que pour l'augmenter; et ce gage qu'il aura gardé par ses mains, pour s'assurer de leur tendresse et de leur soumission, deviendra, un jour, un trésor qui fera bénir sa mémoire, quand ils le trouveront dans sa succession.

L'ADJOINT

Ainsi votre pensée n'est pas d'arrêter la main du père qui veut donner.

LE MAIRE

Non, sans doute, mais de la fermer à temps. Il importe à la dignité du père et à l'honneur des enfants, qu'il meure dans l'aisance comme il y a vécu : il est dans la nature de l'homme de rechercher le repos après le travail, mais non de se résigner à la misère ou à la gêne après avoir goûté la fortune : le moyen de donner beaucoup à nos enfants n'est pas de beaucoup amasser, mais de modérer nos goûts pour diminuer nos besoins; car l'homme, habitué à vivre dans le luxe et la prodigalité, ne peut rien donner qu'il ne prenne sur son nécessaire, tandis que celui qui vit de peu peut enrichir ses enfants de son vivant, sans rien retrancher de son aisance. La ligne qu'il faut ici, comme partout, suivre sans se laisser aller au delà, c'est la modération : vous l'avez dépassée, père Brémont; je vous plains, car vous en portez durement la peine; mais ne comptez pas sur vos enfants pour mettre un terme à vos malheurs : l'ingratitude ne se corrige point; le globe pourrait retourner sur ses pas, elle ne revient pas sur elle-même; une fois endurci, le cœur ne saurait s'attendrir, et lorsqu'il a perdu la mémoire, le temps ferait de vains efforts pour la lui rendre.

Ne demandez plus rien à vos enfants, je ne

sais s'ils vous le donneraient; ne les maudissez pas non plus; le ciel, qui se chargera de vous venger, les punira assez en leur laissant leur ingratitude pour châtiment. Votre sang vous fait défaut, les hommes ne vous manqueront pas. Vous voyez d'ici cet hôpital, demain il s'ouvrira à toutes les misères pour les recueillir : si la plus grande doit l'inaugurer, en y occupant la première place, acceptez-la, car il n'est pas d'infortune qui soit comparable à celle d'un père délaissé par ses enfants.

Longtemps, il ne fut question, dans le pays, que des malheurs du père Brémont et de la générosité de l'homme de bien qui les avait au moins adoucis, s'il n'y avait mis un terme : on plaignit le père, on s'indigna de la conduite des fils, des brus et du gendre; ils le surent : une fois on le leur fit sentir si durement qu'ils en rougirent. Après s'être concertés, les fils prirent l'héroïque résolution de se réhabiliter aux yeux de l'opinion, en allant solennellement chercher le père de famille à l'hôpital pour le ramener chez l'aîné de ses enfants, qui serait désormais son hôte; mais ils arrivèrent trop tard : le pauvre vieillard n'était plus; la veille on avait rendu sa dépouille à la terre. Sa fille n'avait pas manqué à ses funérailles : avertie à temps, elle était venue recevoir sa bénédiction et lui fermer les yeux. Inutile de dire qu'elle n'avait pas tardé à découvrir l'asile que la Providence avait ménagé à son père : souvent, tantôt seule et comme à la dérobée, tantôt conduisant l'un de ses enfants par la main, elle allait l'y visiter et lui apportait, quand elle le pouvait, un peu des choses qu'il aimait : quelques conserves, des primeurs de son jardin, des raisins de sa vigne, des fruits des arbres qu'il avait greffés. Dieu marqua, à ce dernier moment, le châtiment et la récompense de chacun; les mauvais fils rentrèrent chez eux, le remords dans l'âme et baissant la tête; la fille dévouée était revenue chez elle en pleurant; mais elle ne cachait ses larmes à personne, et elle trouvait une secrète satisfaction à les verser. Dans la contrée, on n'en parle point qu'on ne la rappelle comme le modèle de la piété filiale; on ne prononce point le nom de ses frères qu'on n'y attache une épithète, qui apprend à quiconque pourrait l'ignorer, qu'ils ont été des enfants ingrats.

MALHEUR AUX ENFANTS MAL ÉLEVÉS

OU ENTRETIEN

SUR LES DANGERS D'UNE MAUVAISE ÉDUCATION [1]

« Avez-vous des fils? Instruisez-les bien, ac-
« coutumez-les au joug dès leur enfance.
(*L'Ecclésiastique*, chap. VII, verset 25.)

« Et vous, pères, n'irritez point vos enfants,
« mais ayez soin de les bien élever, en les encou-
« rageant et les instruisant selon le Seigneur. »
(*Épître de Saint Paul aux Éphésiens*, chap. VI, verset 4.)

LE PROCUREUR DU ROI, LE MAIRE ET L'INSTITUTEUR

C'était le premier jeudi du mois; suivant son habitude, le comité d'instruction primaire de l'arrondissement devait s'assembler dans le cabinet du sous-préfet pour tenir sa séance ordinaire, mais ce jour-là cet administrateur était

1. Cet entretien et les divers opuscules qui l'accompagnent ont été écrits et publiés pour la première fois en 1843.

absent, et le comité s'était réuni au parquet du procureur du roi, qui était son vice-président. Les affaires expédiées, il ne restait plus avec ce magistrat que le maire de Brevange, à qui il avait quelques renseignements à demander, et l'instituteur de cette commune, qui attendait le fonctionnaire municipal pour s'en retourner avec lui. Pourquoi ces deux derniers se trouvaient-ils là? On le devine; le maire était le délégué du conseil d'arrondissement, l'instituteur celui du ministre de l'instruction publique, qui l'avait choisi, pour lui confier, dans le comité, suivant le vœu de la loi, la défense des instituteurs, ses confrères.

Il faut le dire aussi, alors même que ces diverses circonstances ne les auraient pas ainsi retenus tous trois dans ce cabinet, il est probable qu'ils y seraient restés d'eux-mêmes : les hommes, qui s'estiment, aiment à prolonger les instants qu'ils passent ensemble; avec eux la conversation trompe le temps, et, lorsque tous les sujets semblent épuisés, il leur reste encore mille choses à se dire. Tant que les instituteurs auront des besoins, que l'enseignement primaire réclamera des améliorations, que l'éducation de l'enfance sera chère à l'ami de son pays, ces trois hommes auront une sympathie commune qui les rapprochera, un même but vers lequel tendront tous leurs efforts. Si vous prenez quelque intérêt à l'éducation du peuple, si vous désirez que la morale se répande dans les classes ouvrières à l'égal de la fortune, écoutez-les; car c'est de morale et de bien-être qu'il s'agit entre eux, puisqu'ils s'entretiennent des dangers d'une mauvaise éducation.

LE PROCUREUR DU ROI

Oui, messieurs, nos progrès sont rapides dans la voie de l'instruction, mais qu'ils sont lents dans celle de l'éducation! Je vois l'une pénétrer partout et répandre les lumières jusques sous le chaume le plus obscur; je voudrais que l'autre marchât du même pas et y portât la morale avec elle. L'homme qui n'a dans ses mains que le flambeau de la science s'éblouit et s'égare, il faut y mettre aussi celui de la vertu pour le conduire.

LE MAIRE

Vos vœux sont raisonnables et je les partage, mais ils sont intéressés; la justice se reposerait, si les hommes devenaient à la fois plus éclairés et meilleurs; le parquet chômerait tous les jours de la semaine, et vos fonctions, si actives et si pénibles, se transformeraient bientôt en douce sinécure.

LE PROCUREUR DU ROI

Il nous resterait toujours assez à faire, mais les erreurs de l'homme nous inspireraient de moins tristes réflexions, et, si ces heureux temps avaient déjà lui pour nous, ce dossier que je dois vous ouvrir tout à l'heure n'aurait jamais vu le jour; j'aurais un délit de moins à poursuivre, un père ne serait pas descendu désespéré dans la tombe, un fils ne s'apprêterait pas à l'y suivre, sous le poids de sa malédiction.

Ce dossier, mes amis, c'est l'histoire de notre époque résumée dans une mauvaise éducation.

LE MAIRE

Je me range à votre avis de confiance, cependant vous m'effrayez : s'agirait-il ici d'un grand criminel?

LE PROCUREUR DU ROI

Rassurez-vous, il ne s'agit que d'un vagabond; mais, si son délit est léger aux yeux de la loi, on doit juger plus sévèrement sa vie, et la morale qui la condamne pourrait avoir beaucoup à reprendre dans la conduite des parents de ce vagabond.

Qu'est-ce en effet que l'éducation? L'ensemble des moyens employés pour former l'homme, du moment qu'il a vu le jour, et lui enseigner la route qu'il doit suivre pour remplir sa destinée; pour lui le résultat d'une bonne éducation, c'est l'accomplissement de ses devoirs, et dans cet accomplissement son bonheur et celui des parents dont il a reçu la vie comme des enfants à qui il l'a donnée. Réfléchissez-y, vous resterez convaincus que le père intelligent fait le bon fils, que l'un et l'autre font l'honnête homme et le bon citoyen, et que celui qui a été tout cela le doit presque toujours à la manière dont il a été élevé; je n'en connais que bien peu qui n'aient pu le devenir par une bonne éducation, que bien peu qui l'aient été malgré une éducation mauvaise.

La première, la plus difficile, la plus sainte de toutes les missions pour l'homme, c'est d'élever son enfant : l'élever, c'est l'éclairer par des conseils, le former par des exemples, c'est enfin le discipliner en le soumettant à une règle qu'il aime et qu'il observe. Avant que l'enfant comprenne un conseil et qu'il écoute un commandement, choses pour lesquelles il attend l'intelligence, il voit faire et fait de même en suivant ses appétits et en se laissant aller à l'instinct de l'imitation : il lui suffirait peut-être, pour bien faire, de n'avoir que de bons modèles sous les yeux : est-il beaucoup de pères qui aient pris à tâche de corriger leurs propres imperfections pour n'offrir aux regards de leurs enfants que des exemples qu'ils puissent imiter? Étudiez-les; aux vices de leur nature et de leur éducation, ils joignent ceux que le temps y ajoute toujours lui-même, quand il n'en emporte rien. C'est ainsi que ces défauts deviennent un funeste héritage, qui passe des parents aux enfants et s'accroît avec les générations qui se les transmettent. La chose la plus essentielle, pour un père, serait donc de travailler à sa propre correction, souvent au contraire c'est celle à laquelle il songe le moins. L'homme colère, loin de se modérer devant son fils, s'abandonne à ses emportements et allume dans ce jeune cœur une passion qui n'attend, comme l'incendie l'étincelle, qu'un exemple pour éclater. Comment voulez-vous que l'enfant apprenne à se contenir à l'école d'un père dont il est la première victime, et qui se porte, à l'égard d'une épouse, à l'égard de domestiques ou d'étrangers, à tous les excès de la fureur? Modérera-t-il des appétits, qui ne sont que trop excités par les exigences de l'âge et de la croissance, quand il le verra, esclave de lui-même, se livrer à toutes les sensualités? S'abstiendra-t-il du vin, en usera-t-il avec mesure, si une liqueur perfide caresse son palais, si ce père insensé allèche ses passions naissantes, en le conduisant dans les cabarets où il pourra les satisfaire, en lui permettant de venir l'y trouver, en approchant de ses lèvres la coupe où lui-même il s'enivre. Il est des animaux qui trempent celles de leurs petits dans le sang pour éveiller chez eux l'instinct de la férocité; souvent hélas! l'homme ne fait pas autrement. Parler de tempérance à l'enfant d'un père qui ne la pratique point, c'est lui montrer l'abstinence comme un supplice, et l'âge où il sera son maître comme un terme désirable où il s'affranchira de toutes les sujétions : pouvez-vous compter sur la modération de l'homme qui soupire après les plaisirs, sur les vertus de celui qui est impatient de mal faire?

Ils ne sont pas rares, hélas! les parents impudiques qui prêchent la chasteté à leurs enfants, quoiqu'il y en ait tant qui autorisent leurs précoces désordres, en détournant complaisamment la tête pour ne pas en être les témoins; ils ne sont pas rares non plus ceux qui leur prêchent la patience sur le ton de la colère, le respect des autres l'injure à la bouche, ou la sobriété en s'enivrant sous leurs yeux; mais leurs actes contredisent leurs paroles; leurs enfants oublient leurs discours, ils suivent leurs exemples; ce que ces exemples ont de hideux peut moins pour les en éloigner que leurs amorces pour les entraîner à les imiter : car il n'est point de modération sans force. Sur la pente des plaisirs, il faut un solide point d'appui pour se retenir; on se promet de s'arrêter à temps, et l'on se laisse aller du plaisir qui vous emporte à votre insu, à la débauche qui ne relâche plus sa proie une fois qu'il la lui a livrée.

Un père est sans autorité, quand il donne, par sa conduite, un démenti aux principes qu'il enseigne à ses enfants; il a beau menacer pour empêcher de mal faire, son fils se cachera pour faire mal comme lui et joindra l'hypocrisie à l'immoralité; ce père a beau promettre des récompenses, elles n'amènent aucun amendement réel; le fils simule la bonne conduite pour les obtenir, et le vice usurpe le prix de la vertu.

L'homme ne ment pas de lui-même, mais du moment qu'il aura un intérêt quelconque à mentir, qu'un mensonge sorti de la bouche de son père lui aura appris qu'on peut trahir la vérité, il ne se fera plus scrupule de l'outrager par ses mensonges; il commencera par tromper ses parents, ses camarades et ses maîtres, il finira par tromper tout le monde, et l'enfant qui se sera joué de sa parole, homme fait, se rira de ses serments. L'amour de la vérité est comme la pudeur, on ne le perd qu'une fois; dès que le premier mensonge a souillé les lèvres, son souffle impur a flétri la conscience et lui a enlevé sa sincérité virginale.

Il en est de même de l'amour du travail et de la probité : l'enfant qui n'acquièrt qu'à la longue des notions certaines sur la propriété, respectera t-il celle d'autrui, lorsque ses appétits l'exciteront à s'en emparer et que les exemples de ses parents l'auront, de bonne heure, familiarisé avec le vol. Ce qui nous frappe dans le travail, ce sont les fatigues qui l'accompagnent, les peines qu'il apporte, les privations qu'il impose, les infirmités qui en sont la suite; ce qui attire dans la paresse, c'est l'affranchissement de toutes ces misères, c'est une paix profonde que ne troublent jamais les préoccupations, c'est enfin la douceur du rien faire, qui suffirait presque, à elle seule si l'ennui n'en amenait souvent la lassitude et le dégoût, à former le bonheur. Est-il beaucoup d'enfants, qui, ayant eu sous les yeux, du jour où ils les ont ouverts à la lumière, le spectacle de l'oisiveté de leurs parents, auront assez d'empire sur eux-mêmes pour résister à l'entraînement de la paresse, et embrasser résolument les rudes épreuves d'une vie de labeurs et de privations?

Pour l'homme qui a reçu dès l'enfance de bons conseils et de bons exemples, la vie va d'elle-même, droit et sans obstacles; au contraire, elle n'est qu'une suite de sacrifices pour celui qui n'en a reçu que de mauvais; le bonheur des enfants dépend donc de leurs premières impressions et la vie de leurs parents devient ainsi l'arbitre de leurs destinées.

LE MAIRE

Je le comprends, le devoir des pères et mères est de donner à leurs enfants l'enseignement des bons exemples; mais, quand ils y manquent, les maîtres les suppléent et ils viennent après eux pour réparer, par les conseils et par la discipline, le mal qu'ils ont fait en omettant de faire le bien : l'école alors remplace la famille, l'enfant y puise les principes qu'il n'a pas trouvés sous le toit paternel, et il se forme par ses maîtres, quand il ne l'a pas été par ses parents.

L'INSTITUTEUR

Je doute beaucoup de l'efficacité des bons principes au milieu des mauvais exemples : l'enseignement de l'école n'est que de quelques heures par jour; l'éducation de la famille, de tous les instants de la vie; l'école ne suffira donc pas pour détruire la contagion de la famille, car, dans ce passage continuel de l'une à l'autre, les actions du père détruiront les enseignements du maître. Et puis, n'y a-t-il pas les incrédulités et les injustices de l'opinion; elle se défie des enfants, quand elle n'ose plus se fier aux parents; l'improbité de ceux-ci fait douter de la probité de ceux-là; le fils essayera inutilement de vaincre la réputation que son père lui aura faite : il y perdra ses efforts et sa vertu; il y aura pour lui un grand mérite d'être honnête homme, mais il n'y aura que bien peu de profit.

Nous parlions tout à l'heure de l'influence de la famille sur l'éducation de l'école; pour s'exercer avec utilité, elle aurait besoin du concours éclairé des parents; au lieu d'en étendre les avantages, ce concours, au contraire, en augmente souvent les dangers. L'école, qui devrait remplir presque toutes les années de l'enfance, en occupe à peine quelques-unes dans ces familles où des mœurs trop rudes, des habitudes peut-être grossières, réclament si impérieusement pour les enfants une éducation qui corrige celle qu'ils y ont reçue; encore n'est-ce que quelques mois, une saison à peine de chacune de ces années qu'ils y fréquentent la classe; les parents ont mille prétextes pour les affranchir de cette sujétion; un jour, c'est l'ouvrage, une indisposition ; un autre, quelque chose de moins pardonnable, une faiblesse de la mère, une répugnance de l'enfant : cette inexactitude est loin de le disposer à la discipline, l'action des parents plus loin encore de le disposer au respect et à l'obéissance envers le maître. Ils critiqueront la méthode de celui-ci, les devoirs qu'il prescrit, les punitions qu'il inflige; devant leur fils, ils tourneront en ridicule la gravité de ses manières ; enfin, ils ne lui parleront de lui que comme d'un mercenaire obligé de se conformer à leurs caprices et de suivre aveuglément toutes leurs volontés. La conséquence de tout cela, c'est qu'ils détruisent son autorité morale avant qu'elle ne soit établie, et que, n'ayant rien fait par eux-mêmes pour élever cet enfant, ils empêchent le maître de rien faire pour l'élever à leur place et de lui donner ce qu'ils lui refusent.

LE PROCUREUR DU ROI

L'enfant sorti de l'école, la tâche de ses parents n'est pas accomplie; cependant ils songent bien rarement aux moyens de l'achever convenablement. L'adolescence approche, ses années s'écoulent, c'est le moment de choisir pour lui la profession qu'il devra exercer toute la vie : est-il, en effet, beaucoup de pères de famille qui étudient l'aptitude de leurs enfants pour savoir quel est l'état qui s'accordera le mieux avec leur organisation intellectuelle, leur constitution physique et leur position sociale? C'est un accident, un caprice, une saillie de l'orgueil, et non le goût, le bonheur et les facultés de ceux dont l'avenir est ici en question, qui décideront de ce choix sur lequel la raison, non plus qu'une affection bien entendue, ne sera consultée. On rejette cet état, parce que l'enfant est trop avancé en âge, ou n'a pas acquis assez d'instruction pour l'apprendre; cet autre, parce qu'il exigerait une pension trop chère et un trop long apprentissage; on repousse celui-ci, parce qu'il laissera trop longtemps cet enfant sans gagner de l'argent; celui-là, parce qu'il veut trop d'avances et compromet leur rentrée par le crédit. Parlerons-nous des enfants des familles opulentes? L'un serait un excellent comptable; par vanité on voudra en faire un magistrat; cet autre, on aurait un excellent train de culture, à lui transmettre, on rougira de lui voir conduire la charrue, on le met dans une étude, et, bon gré mal gré, on en fera un notaire ou un greffier. Il en est qui, doués de facultés supérieures, auraient pu, en les cultivant, fournir une brillante carrière; un dégoût les prend, ils rongent, en grondant, le frein de la discipline, ils appellent à grands cris le jour de leur affranchissement : on court au-devant de ces vœux inconsidérés, les études sont interrompues, les mathématiques prennent la place du latin, et celui, que tout semblait destiner à la chaire ou au barreau, est tout étonné, un jour, de porter l'épée. Dans tout cela n'apparaît le plus souvent qu'une chose, c'est, de la part des parents, la pensée de se débarrasser de leurs enfants le plus tôt et en dépensant le moins d'argent possible.

Que dirons-nous maintenant de ces parents, qui, après avoir mis au jour leurs enfants, ne se sont pas plus occupés de leur donner un état que de veiller à leur éducation? Prenez l'homme qui ne vit que du travail de ses mains, pense-t-il souvent à faire vivre son fils d'autre chose, s'il en est capable? Ah! loin de moi de reprocher aux malheureux la dure nécessité qui les courbe vers la terre, qui fera plier leurs enfants sous le poids des mêmes labeurs, mais je voudrais au moins qu'ils ne les appelassent pas trop jeunes au partage de leurs travaux, et que, ne leur mettant la houe entre les mains que lorsqu'ils sont en état de la porter, ils frémissent à l'idée d'exploiter ces êtres humains qui sont sortis de leur sang, et de calculer sur leurs produits pour alimenter de honteuses passions ou satisfaire leur propre cupidité. « Aux forces mesurez le travail », dit un proverbe; mesurons-le surtout à l'âge pour ne pas les épuiser, mesurons-le surtout à notre amour, pour qu'il ne soit pas trop dur.

Je reviens encore aux parents opulents; il en est parmi eux qui négligent de donner un état à leurs enfants, les uns par avarice, les autres par vanité ou même par une tendresse mal entendue; ceux-ci s'imagineraient que leurs enfants dérogeraient s'ils les faisaient travailler, ou bien ils prennent le travail pour la peine, et, pour la leur épargner, ils leur donnent pour dot une oisiveté qui engendre l'ennui, la dissipation et la débauche, et qui est un germe de ruine qui n'attendra pas la seconde génération pour porter ses fruits : ceux-là, avares jusque dans les spéculations de leur amour, thésaurisent sans cesse pour leurs enfants, mais ils ne leur livrent rien de ce qu'ils entassent, en invoquant toujours leur bonheur; ils croiraient perdre l'argent qu'ils enverraient, de leur vivant, à cette destination : dans leur fureur d'amasser, ils ne leur prêteront même pas ce levain qui leur permettra aussi d'amasser à leur tour. Ils ne leur offriront d'autres dots que l'espoir de leur succession, ne leur apprendront d'autre état que leur sordide avarice ; enfin ils mourront, gourmandant encore l'incurie de leurs enfants, qui renoncent à les suivre dans la voie des épargnes, et léguant à une famille, qui a vécu dans la gêne, des trésors qui viendront trop tard pour soulager ses besoins ou tout au plus assez à temps pour être absorbés par ses dettes, et passeront ainsi des mains du père, où ils n'auront apporté aucune jouissance, en celles du fils, où ils ne laisseront que la ruine.

LE MAIRE

Tout ce que vous dites là est fort juste, mais ce n'est pas encore assez; la tâche du père n'est pas encore achevée, quand il a élevé, établi et marié son enfant; elle dure toute sa vie, et le rôle qu'elle lui impose n'est entièrement rempli que quand il quitte la scène du monde; plus même il a négligé cette tâche, plus elle l'oblige, et souvent elle semble ne commencer qu'au moment où elle devrait tirer à sa fin. Les conséquences d'une mauvaise éducation se font sentir en tout temps, mais c'est surtout lorsque l'enfant s'est séparé de ses parents et qu'il forme une nouvelle famille qu'elles deviennent le plus funestes : sous le toit paternel la crainte, sinon le respect et l'affection, retenait encore ses penchants vicieux; ceux-là seuls souffraient de ses écarts, qui les avaient autorisés par leurs exemples ou par leur faiblesse ; il ne compromettait pas une fortune qu'il ne possédait point encore, et ses mauvais procédés ne blessaient que ceux qui avaient contracté l'habitude de les lui pardonner, et qui pouvaient toujours se les épargner en éloignant l'enfant qui les leur faisait endurer : mais maintenant qu'il a en main la force, l'autorité et la fortune, il devient le tyran de tout ce qui l'entoure; sa femme qu'il maltraite, devient son esclave, l'affection même qu'elle lui porte est un lien de plus qui resserre étroitement la chaîne qui l'unit à lui, ou l'éloignement qu'il lui inspire une cause de résistance qui lui fait trouver plus lourd un joug qu'elle ne saurait briser; ses enfants, qui le craignent ou le méprisent, marcheront sur ses pas, et alors même que des maîtres leur montreraient la droite ligne, ils ne la suivraient pas, parce que ses exemples les jetteront à l'écart: sous les yeux de ses parents, il n'a pas écouté leurs conseils; affranchi de leur surveillance, il n'ira pas les demander lorsqu'il en aura besoin, et les repoussera si on les lui apporte; enfin le désordre amènera la ruine et, ce qu'il y a de plus cruel, la prospérité tenterait inutilement de rappeler le bonheur, car il est impossible qu'il se rencontre, soit avec la bonne, soit avec la mauvaise fortune, dans une maison d'où la crainte a banni la confiance, et la nécessité l'affection ; où gémit une femme qui ne voit d'autre terme que la tombe aux douleurs qu'elle endure, où tremblent des enfants qui soupirent après la majorité, qui leur ouvrira les portes de leur prison.

Ne serait-ce pas le moment où la puissance vénérée de l'aïeul devrait agir pour ramener un fils au devoir, si, lorsqu'elle n'était que la puissance paternelle, elle s'était fait aimer et respecter; où les secours du chef de la famille devraient venir au-devant des siens pour adoucir leurs peines et réparer les désastres que les fautes de ce fils devraient s'imputer? C'est en vain qu'on invoquerait l'assistance du vieillard, peut-être a-t-il besoin de ce qu'il possède ou bien les malheurs de son sang sont-ils impuissants à émouvoir ses entrailles; je ne sais rien qui puisse délier la bourse d'un avare, ou même ouvrir, pour donner, la main de ces froids égoïstes qui ne se préoccupent que de leur propre bien-être, et verraient, d'un œil sec, leur famille tout entière crier misère, pourvu que rien ne leur manquât, et que, soir et matin, ils retrouvassent leurs aises accoutumées.

Rien n'est difficile comme la mesure à l'affection des parents; il faut qu'ils donnent ou refusent tout à leurs enfants; qu'ils les tiennent à la chaîne ou se mettent sous leur dépendance, qu'ils en soient les esclaves ou les tyrans. Vous en voyez qui se dépouillent pour les enrichir, vous en voyez d'autres qui entassent des écus à côté de leur misère sans la secourir; en trouverez-vous beaucoup d'assez sages pour se mettre en garde contre leur tendresse et conserver assez de leur fortune pour ne rien devoir qu'à eux-mêmes, ou pour borner leurs jouissances et subvenir aux besoins de leurs enfants, en les appelant au partage de leur superflu? L'erreur peut prendre sa source dans les inspirations du cœur, l'excès peut naître de ses entraînements; j'admets, à la rigueur, que des parents se réduisent à l'aumône plutôt que de faire entendre un refus à des enfants; mais ce qui dépasse les bornes de mon intelligence, c'est l'inflexible dureté de ces parents, qui, regorgeant de richesses, ne peuvent se résoudre à en faire part, de leur vivant, aux enfants pour qui il les ont amassées : ils savent qu'elles leur reviendront un jour, et, dans les bras de la mort, ils se cramponnent à leur coffre pour en retenir jusqu'à la moindre obole; infligée par le malheur ou justement encourue, l'infortune de ceux à qui ils ont donné le jour ne saurait les émouvoir; ils ne comprennent aucun de leurs besoins, ils ne sentent aucune de leurs nécessités; chargés de famille ou infirmes, ruinés par une grêle ou par un incendie, à la veille d'établir une enfant ou le lendemain de la perte d'un époux, partout, dans tous les temps, dans toutes les circonstances, leurs propres enfants les trouvent impitoyables, et, à toutes leurs demandes, ils n'entendent jamais qu'une réponse : Faites comme moi, travaillez pour vivre, économisez pour placer vos enfants. Ainsi, dans le cœur d'un père et d'une mère, la plus honteuse de toutes les passions, l'avarice, passe avant la plus naturelle et la plus tendre des affections; elle fait violence à la haine pour l'introduire dans celui de leurs enfants, et ceux qui ne semblaient destinés qu'à vivre l'un pour l'autre sont amenés, malgré eux, ou à maudire les faveurs du ciel, qui leur a donné une famille, ou à se plaindre de la longueur d'une vieillesse, qui leur fait attendre si longtemps la fortune.

LE PROCUREUR DU ROI

Tels sont donc les résultats d'une éducation

vicieuse, de mauvais exemples et de mauvaises leçons qui ont corrompu l'enfant, une dureté impitoyable qui succède à une faiblesse extrême, une avarice sordide qui provoque une prodigalité sans mesure, une insubordination qui s'élève contre le moindre commandement, une haine qui prend la place de l'amour, une misère qui est le fruit de l'inconduite et qui ne trouve même pas les aumônes d'un père pour la soulager. Ah! dites-le-moi, n'est-ce pas là le renversement de la nature et l'oubli de toutes ses lois? la famille n'est-elle pas une société éternelle? ne devrait-elle pas voir passer tous les autres, sans jamais passer elle-même? Un fils ne doit-il pas, en tout temps, aimer et honorer ses parents? des parents ne doivent-ils pas, à toutes les époques de leur vie, veiller sur leurs enfants, soutenir leur faiblesse et pourvoir à leurs besoins? Il n'est point de fautes qui puissent leur faire oublier leurs devoirs, de considérations capables de les dispenser de leur accomplissement. Partout le fils doit incliner la tête sous la main de son père, mais partout le père doit lui tendre cette main pour l'aider à sortir du malheur; toutes les portes, toutes les bourses, tous les cœurs seraient fermés que les siens devraient encore s'ouvrir aux infortunes de sa famille. Le père de l'enfant prodigue n'a-t-il pas pressé sur son cœur ce fils repentant, qui venait réclamer son pardon?

Mais malheur aux parents qui sont ainsi réduits à pleurer, en les remettant, sur des fautes qu'ils n'ont pas su prévenir! malheur à eux, car il leur en eût moins coûté pour les épargner à leurs enfants que pour les leur remettre, pour éloigner le besoin que pour le soulager! Que leur fallait-il, en effet, pour cela? De bons conseils, fortifiés de bons exemples; une fermeté qui eût imposé du moment qu'elle serait soutenue, une autorité qui se serait fait respecter, si elle ne s'était pas compromise; une assistance, qui aurait été d'autant moins onéreuse, que la sagesse et la raison l'auraient rendue moins nécessaire; des secours qui auraient été d'autant plus abondants dans l'infortune que plus d'ordre et d'économie aurait permis de les amasser dans la prospérité. Ainsi tout concourt à établir cette vérité qu'il n'est point, pour les enfants, de richesses qui vaillent une bonne éducation, et que le meilleur père est celui qui les façonne, de bonne heure, au joug d'une exacte discipline.

C'est aussi la morale de ce dossier; il est temps de vous l'ouvrir maintenant; il concerne un vagabond que la gendarmerie vient d'arrêter, et qui a réclamé, comme faveur, d'être placé, pour le moment, dans la maison d'arrêt : je ne vous montre pas son interrogatoire, il ne vous apprendrait rien, puisque ce prévenu n'a répondu qu'autant qu'il le fallait pour ne pas être mis en liberté; je ne veux que vous lire le mémoire qu'il a adressé au juge d'instruction pour suppléer à l'insuffisance de ses réponses; le voici :

« Monsieur le juge d'instruction,

« Mon interrogatoire n'a pas paru vous satisfaire, je viens le compléter pour lever les doutes que vous pouvez conserver sur ma position; le besoin m'a fermé la bouche, j'ai dû garder le silence tant que j'ai craint qu'on ne me rendît à une liberté qui était la source de ma misère; je puis le rompre maintenant, que vous m'avez fait déposer dans la prison et que le châtiment me réserve, pour longtemps, un pain que la fortune me refuse. D'autres s'adressent à vous pour se défendre, je ne vous écris que pour m'accuser; vous me condamnerez donc, j'en suis certain, mais ce ne sera pas sans me plaindre.

« J'ai commencé comme je finis, monsieur le juge d'instruction, par être votre justiciable; j'ai vingt-six ans, je suis fils d'un cultivateur de la commune de Brévange. Nous étions deux enfants; mon père avait de l'aisance. je reçus autant d'instruction qu'un maître d'école puisse en donner; on cultiva mon esprit, mon cœur fut abandonné à lui-même. J'étais né avec de l'intelligence, de la mémoire, une grande vivacité de caractère, et malheureusement aussi avec des passions auxquelles on ne prit nul soin de mettre le frein de la discipline. Tout entier aux travaux de sa culture, mon père négligea mon éducation; ma mère s'en occupa pour elle et pour lui, mais sa bonté même me perdit; au lieu de s'y prendre dès ma première enfance pour corriger mes défauts et réformer mes mauvais penchants, elle en favorisa le développement par ses faiblesses; elle me donnait bien d'excellents conseils, elle reprenait bien mes écarts, mais, indulgente comme toutes les mères, elle n'avait pas assez de fermeté pour m'infliger le châtiment dont elle m'avait menacé, et au lieu de me faire subir ceux qu'elle semblait se résoudre à m'infliger, elle me pardonnait toutes mes fautes; les plus graves trouvaient grâce auprès d'elle; une de mes larmes la désarmait, si elle avait le courage de me punir. Elle cédait à toutes mes exigences, elle obéissait à tous mes caprices; mes volontés devenaient sa loi, et j'étais, dans toute la force du mot, un enfant gâté : du reste, j'en avais tous les défauts; j'étais raisonneur et entêté, menteur et désobéissant, j'avais l'esprit de contradiction, et, quoique j'apprisse très facilement, j'avais un grand éloignement pour le travail. Je trompais constamment ma mère; au lieu d'aller à l'école, je fréquentais de mauvaises compagnies; avec l'âge tous ces défauts étaient devenus chez moi des vices; la gourmandise s'était changée en sensualité, la passion du jeu y était née de l'amour du plaisir, et l'ardeur du tempérament y avait produit le libertinage.

« Ma mère ne se contentait pas de me pardonner mes fautes, elle les cachait pour m'épargner de la part de mon père des reproches et des traitements, à la rigueur desquels sa justice et sa colère ne savaient pas imposer de limites. Il vint bien un temps où il dut être averti de ma conduite; je fus renvoyé de l'école où je ne donnais que de mauvais exemples; en l'apprenant, il s'abandonna à tout son emportement, il leva un fouet sur moi et m'en frappa; ma mère accourut à mon secours et prit ma défense : mais, retournant contre elle toute sa colère, il lui reprocha d'avoir favorisé mes mauvaises inclinations par sa faiblesse; dès ce moment, la paix fut bannie de notre maison, et ma mère eut bien à souffrir, car il ne se passait pas un jour que mon père ne lui fît de nouvelles scènes, et qu'elle n'eût à se plaindre de ma conduite. On me mit à la culture, je ne voulus pas y travailler; on me mit en apprentissage chez un artisan, je ne travaillai pas davantage. Rarement j'allais à l'atelier; je passais une partie du temps au cabaret avec d'assez tristes sujets, dont je faisais ma société habituelle; je revenais plus rarement encore chez mes parents, et je n'y mettais le pied que pour y être témoin de ces scènes déplorables, qui s'élevaient entre eux, à chaque instant, et dont j'étais toujours l'occasion.

« Ma mère avait eu l'imprudence de me donner trop tôt de l'argent; plus tard, quand elle vit que j'en faisais un mauvais usage, elle cessa de m'en donner; je lui en dérobai, elle s'en aperçut, elle me prit à part pour me le reprocher; elle pleurait, elle sanglotait en me remontrant ce qu'il y avait de bas et d'odieux dans cette action indigne; moi-même j'en éprouvais une douleur si vive, en même temps qu'une honte si grande, que j'allais me jeter à ses genoux et lui demander pardon, quand mon père, qui avait tout entendu d'une pièce voisine, entra précipitamment dans celle où nous étions, s'adressa à ma mère et lui dit, avec l'accent de la fureur, qu'en me gâtant, elle m'avait perdu; puis, venant à moi, il se saisit d'un bâton et m'en frappa si violemment qu'il le brisa en éclats sur mon dos. Ma mère voulut parer le coup;

mais mon père la repoussa de la main qu'il avait libre; elle tomba en faiblesse; ce fut le commencement d'une maladie causée par le chagrin, et le mal fit tant de progrès qu'en moins de quinze jours il la conduisit au tombeau.

« Je pleurai ma mère, je la pleurai amèrement; je m'enfermais pour la pleurer, car je ne pouvais me cacher à moi-même que c'était moi qui lui avais donné la mort : un bon fils trouve des consolations à pleurer la mère qu'il a perdue; je vous le confesse, pour mon compte, monsieur le juge d'instruction, ma douleur est mon supplice; je porte au dedans de moi-même, depuis dix ans, un remords impitoyable; je l'ai senti au milieu des joies effrénées de l'orgie et je le retrouve dans ma prison; les pleurs que j'ai fait verser à ma mère sont retombés sur mon cœur; rien n'a pu l'en débarrasser, et vous me chargeriez de toutes les chaînes d'un bagne qu'elles pèseraient moins sur moi que ces larmes que j'ai fait couler des yeux d'une mère dont j'étais l'idole.

« Mon père ne comprit que trop la part que sa colère avait eue dans la mort de la compagne qui venait de lui être ravie; il se la reprocha durement, mais, dans son affliction, il ne voulut plus avoir sous les yeux le fils indigne qui avait été la cause première de ce triste événement, et il me chassa d'une maison que je venais de plonger dans un deuil, dont elle ne sortirait jamais.

« Je partis donc, le sac sur le dos, pour faire mon tour de France. J'allais de ville en ville, cherchant de l'ouvrage ou plutôt des compagnons de débauche ; à peine avais-je gagné quelques sous que j'allais les dépenser avec eux ; je passais incessamment de l'atelier au cabaret, et du cabaret à l'atelier ou bien à l'hôpital, où ne me conduisaient que trop souvent les suites de mon intempérance. Trois années de ma vie s'écoulèrent dans cette alternative de travail, d'excès et de maladie. J'atteignis enfin ma majorité ; cette circonstance devait peut-être m'amener à faire de sérieuses réflexions et tourner à mon amendement ; loin de là, elle vint apporter de nouvelles facilités à ces penchants funestes qui ne demandaient que les moyens de se satisfaire : j'avais hérité d'un petit bien dans la succession de ma mère ; ma vanité ne put le taire ; j'en fis parade devant quelques amis dans une partie de café ; ils n'eurent pas de repos qu'ils ne m'eussent décidé à demander compte à mon père de cette succession ; je chargeai un fondé de pouvoir de le recevoir et de réaliser mon petit héritage ; son montant s'élevait à trois mille francs ; deux ans suffirent pour les consumer et me laissèrent sur le pavé, sans ressources, sans ouvrage, moins bon ouvrier qu'auparavant, ayant moins que jamais d'amour pour le travail et traînant, à ma suite, comme autant d'ennemis, les besoins insatiables d'une profonde dépravation.

« Je ne savais quel parti prendre pour me tirer de cette détresse; je fis, pour en sortir, argent de mon sang et de ma liberté, la fortune m'avait favorisé au tirage au sort de la conscription, je me vendis; je reçus deux mille francs et je dépensai plus promptement encore le prix de mes services que la succession de ma mère.

« Le genre de vie que j'avais suivi jusqu'alors ne m'avait pas disposé à la discipline; l'abus de la boisson aigrit le caractère, la fréquentation des lieux de débauche fait contracter l'habitude des querelles; j'en avais eu pendant mon compagnonnage, j'en eus au régiment; mais une entre autres me devint bien fatale; un démenti que j'avais donné m'avait conduit sur le terrain et dans le duel, où j'avais eu à défendre ma vie, je reçus au bras droit une blessure qui m'a fait souffrir pendant dix-huit mois et qui m'a enlevé l'usage de ce membre. Après trois ans de service, on me donna un congé de réforme : je quittai le régiment sans aucune ressource et n'ayant en perspective que la misère, car ma santé, profondément altérée par la débauche, ne me permettait plus de me livrer à une occupation un peu soutenue, et ma main droite estropiée m'enlevait jusqu'à la possibilité d'exercer une profession.

« Cependant il fallait vivre; j'allai à Paris, où une plus grande variété de travaux me faisait encore espérer un emploi plus facile de mon temps; je réussis à trouver dans un chantier une place où, tout infirme que j'étais, je pouvais, à la rigueur, pourvoir à ma subsistance; je vécus ainsi, mais de privations, jusqu'à l'approche de l'hiver, qui amena la clôture des chantiers; je me trouvai de nouveau sur le pavé, sans pain, sans argent, en présence de cinq mois au moins de morte saison. C'étaient la misère et l'aumône; je passai huit nuits sous le portail d'un hôtel en construction, et je vécus huit jours d'une pièce de dix sous qui me restait de ma dernière paye. Le neuvième, on me ramassa, tombé d'inanition et de maladie, sur le pavé d'une rue, où la honte avait retenu fermée la main que je voulais tendre pour y demander la charité : on me porta à l'hôpital, j'y restai trois mois, attendant de l'art et de la pitié une guérison qu'une constitution épuisée par la débauche rendait impossible. J'entendis, un jour, le médecin qui me traitait dire à voix basse à la sœur hospitalière assise à mon chevet : « C'est un homme usé, sa maladie est incu-« rable; peut-être parviendrons-nous à lui rendre « un peu de force et de santé, mais le mieux ne « sera que momentané; s'il sort de l'hôpital, le « moindre travail ou le moindre excès l'y ramè-« nera, et il n'y rentrera que pour ne plus en « sortir. » Sans m'effrayer, l'idée de la mort et d'une mort prochaine fut pour moi l'occasion d'un retour sur moi-même; j'en avais fait avec les vivants, mais il fallait compter avec ma conscience pour le temps que j'avais passé sur la terre, pour les fautes que j'avais commises, pour les écarts qui avaient souillé ma vie ; alors ma mère, qui n'en était jamais sortie, ma mère qui m'avait tant aimé, que j'avais abreuvée de tant d'amertume et que j'avais fait mourir me revint en mémoire; alors encore je me souvins avec effroi de mon père, de mon père auquel j'avais si cruellement fait expier l'abandon de ma jeunesse, de mon père qui m'avait maudit en me bannissant du toit où j'étais né, et qui avait, sans doute, renouvelé sa malédiction le jour où je lui avais demandé, pour la dévorer, ma part de l'héritage sur lequel il avait vécu; je me souvins aussi, avec un sentiment mêlé de tendresse et de douleur, d'une jeune sœur que j'avais vue

10

si souvent pleurer sur mes fautes et m'en faire remettre le châtiment. Le mal du pays me prit donc; si près de ma fin, je voulus, avant de mourir, revoir le ciel de ma province et obtenir le pardon de ceux des miens que la mort ne m'avait pas ravis. Ce désir ardent, irrésistible, devint bientôt mon espoir, il me donna des forces, je me trouvai mieux et je sortis de l'hospice; je reçus un passeport avec un secours d'indigent et je me mis immédiatement en route pour mon pays : je surmontai toutes les fatigues, j'endurai toutes les privations; en chemin je perdis mon passeport, mais je n'étais plus qu'à dix lieues de mon village; cette perte ne put ralentir mon courage; enfin j'arrivai en vue de ce lieu où j'avais reçu le jour, la frayeur et la honte m'empêchèrent d'aller plus loin; je demandai l'hospitalité dans une ferme, et sans me faire connaître, je pris des informations sur mon père et sur ma sœur. Voici, monsieur le juge d'instruction, la réponse qui m'accabla en tombant sur moi comme la foudre : Mon père ne possédait point de biens en propre; obligé de me rendre compte, il s'était trouvé presque ruiné; il n'avait pu supporter ce dernier coup; la douleur et le chagrin avaient amené une maladie, et, le jour où je recevais en duel cette blessure, qui m'a réduit à l'état où je suis, mon père rejoignait ma mère dans la tombe.

« Orpheline à dix-huit ans, ma sœur fut recueillie par ma tante qui demeure à vingt lieues de Brévange; je ne devais pas l'embrasser, le ciel me refusait cette consolation, puisqu'il l'avait éloignée de son berceau. Au moins, me disais-je, si je ne dois plus revoir aucun des miens parmi les vivants, il me sera permis d'arroser de mes larmes la tombe qui renferme leurs restes chéris; Dieu, qui me punit, ne m'empêchera pas de mourir sous le même ciel et ma cendre de reposer dans la même terre : leur malédiction ne leur aura pas survécu, et elle ne me suivra pas dans le tombeau.

« Telles étaient les pensées qui m'agitaient, quand je quittai, pour me retirer dans la grange où ils m'avaient donné un abri, les hôtes qui venaient de m'apprendre la mort de mon père. A peine je gisais sur la paille que la fièvre me saisit : frappé et presque joyeux de mon état, car je croyais que ma fin approchait, je rassemble toutes mes forces, je me traîne hors de la maison et je suis le chemin qui conduit à Brévange, demandant au ciel de vivre assez pour gagner le premier sillon du village et y mourir, afin d'avoir une place dans son cimetière.

« Des gendarmes, qui veillaient sur la route, m'ont pris pour un malfaiteur ou pour un vagabond, ils m'ont ramené sur mes pas et m'ont conduit devant vous; la route que j'ai supportée m'a appris que je pouvais vivre encore; mais mes forces, qui sont au-dessous de ma volonté, me font comprendre que je ne puis plus attendre mon existence de mon travail : hier je me suis tu pour que l'on ne me rendît pas une liberté, qui m'aurait envoyé mourir aux portes de la ville; aujourd'hui que l'on ne peut plus me faire un aussi funeste présent, je romps le silence pour vous conjurer de me laisser mourir dans la prison.

« Daignez agréer l'hommage du profond respect avec lequel j'ai l'honneur d'être, monsieur le juge d'instruction, etc. »

La douleur et le chagrin l'égarent; sans examiner s'il est bien en état de vagabondage, venons, monsieur le Maire, au secours de sa misère; il a commis de grandes fautes, il ne nous appartient pas de les juger; faisons, comme Dieu, qui lui tiendra compte de son repentir, pardonnons-lui, et, s'il doit vivre, aidons-lui à supporter le fardeau de la vie, en lui prêtant un appui : il pourrait encore se rendre utile et gagner son pain, en gardant le bétail; n'aurait-il, dans votre commune, aucun parent qui pût le réclamer? on le lui remettrait sur-le-champ.

LE MAIRE

Je ne lui connais aucun parent à Brévange; sa famille n'était pas originaire de cette commune, elle venait de la contrée où la sœur de ce malheureux est retournée; mais, à défaut de parents, les étrangers ne lui manqueront pas; permettez-moi donc de le réclamer; j'ai ouvert hier l'hôpital que les faveurs du ciel m'ont permis de fonder; j'y ai donné la première place à un père abandonné par ses enfants; j'y donnerai la seconde à un fils à qui la tendresse mal entendue de ses parents n'a pas été moins funeste que l'abandon; la misère, à tout âge, est toujours la misère; chez le jeune homme lui-même, comme chez le vieillard, elle a droit d'éveiller notre compassion.

DES RAPPORTS NÉCESSAIRES
DE LA PROPRIÉTÉ ET DE LA LIBERTÉ

DES USAGES DU COMTÉ DE DABO

> « Le communisme détruit le travail, supprime « la liberté, et, s'il est conséquent, doit abolir la « famille.
>
> « L'homme tel que la nature l'a fait, et non tel « que le veulent faire les sophistes, a besoin d'avoir « son champ, dans son champ sa demeure, dans « sa demeure sa famille.
>
> (THIERS, *de la Propriété*, liv. II, chap. v.)
>
> « La propriété des biens est légitime et invio- « lable... C'est le moyen de les faire cultiver : et « l'expérience fait voir que ce qui est non seule- « ment en commun, mais encore sans propriété « légitime et incommutable, est négligé et à « l'abandon.
>
> (BOSSUET, *Politique tirée de l'Écriture sainte*, liv. VIII, 2e art., 3e prop.)
>
> « Le droit de propriété a été reconnu le meil- « leur moyen de féconder le travail, l'industrie « et la richesse. »
>
> (MÉZIÈRES, *l'Économie ou le Remède au paupérisme*, chap. IV.)

Si, après avoir étudié la société dans son origine et dans ses conditions d'existence, on cherchait à dégager des faits, par une formule précise, les principes sur lesquels elle repose, on dirait que, fondée pour procurer à l'homme la satisfaction de ses besoins et le plein exercice de ses facultés, en même temps qu'elle se soutient par la propriété qui vient du travail et constitue la richesse, elle garantit l'ordre, en prévenant la licence, et la liberté, en assurant à l'homme, autant que la possession de lui-même, celle des choses qu'il s'est appropriées par des voies légitimes. Ces conclusions sont si claires et si sûres qu'on pourrait affirmer, sans crainte d'être démenti par l'événement, que, moins les institutions politiques mettront d'entraves au travail, plus elles aideront au développement de la richesse; que, plus elles procureront à l'homme et aux sociétés de facilités pour user ou disposer de la propriété, plus elles la rendront féconde et lui feront porter de fruits. L'homme, en effet, n'a pas moins besoin de liberté pour ce qu'il possède que pour lui-même. L'égalité absolue, que lui promettent certaines théories sociales, serait une chimère tant qu'elle ne sortirait pas des termes de la spéculation; elle deviendrait une calamité, qui n'épargnerait personne, le jour où l'on entreprendrait d'en faire une réalité; car l'égalité véritable ne s'accommoderait pas mieux d'un nivellement, qui la ruinerait en faisant tout descendre, que du privilège qui ne permettrait qu'à quelques-uns de monter et de s'élever. Si elle pouvait organiser la propriété d'une façon assez durable pour maintenir dans chaque main une même parcelle de la richesse commune, et une force pareille pour la féconder par le travail, on pourrait affirmer qu'au lieu d'y apporter la même somme d'aisance, elle n'y laisserait que la même misère, et que bientôt elle l'y réduirait au point d'y périr d'épuisement. On n'en appellera pas, pour justifier cette proposition, aux constitutions de la Crète ou de Lacédémone, mais aux simples usages d'une contrée voisine qu'hélas! nous avons perdue, et dont la population, quoique le chiffre en soit très modeste, approche bien, cependant, de la population de quelques-unes de ces cent cinquante républiques ou monarchies dont Aristote s'était appliqué, avec tant de soin, à recueillir et à conserver les constitutions.

Au sein de la chaîne des Vosges, entre l'Alsace et la Lorraine et, pour des parts inégales, dans les anciens départements de la Meurthe et du Bas-Rhin, se trouve une contrée qui se nomme encore le Comté de Dabo ou de Daschsbourg, qui a appartenu autrefois à la famille des comtes de Dachsbourg et de Linange, et qu'ont longtemps rattachée à l'Empire les liens de la féodalité. Elle se compose de huit à dix communes ou hameaux, assis sur un sol d'une superficie d'environ 13 275 hectares de forêts et de 2875 hectares de terres arables, et elle est peuplée d'à peu près 8 300 habitants. Ce sol est extrêmement tourmenté; cependant il est traversé, en tous sens, par des cours d'eau : la terre y est mêlée de sable dans une si forte proportion que d'elle-même elle y est très peu propre à la culture; mais la nature l'a couverte de sapinières magnifiques et qui seraient, pour leur propriétaire, si elles pouvaient être utilement exploitées, une source inépuisable de richesses.

Ses anciens possesseurs, les seigneurs de Dabo, pour y appeler la population, firent ce qui s'est pratiqué sur tant d'autres points des anciennes provinces du Nord et de l'Est, ils s'appliquèrent à y attirer des habitants par l'appât des plus larges concessions. Ainsi ils leur accordèrent, dès l'origine, et, plus tard, ils reconnurent, dans toute la plénitude d'un droit ferme et irrévocable, à tous ceux dont les auteurs avaient répondu à cet appel, sans redevance aucune ou moyennant un prix extrêmement modique pour certaines fournitures, le droit de prendre dans les forêts du Comté tout le bois nécessaire à la construction, à la couverture et à l'entretien de leurs habitations; la glandée et la vaine pâture dans tous les cantons de ces forêts reconnus défensables; le bois mort et le mort-bois ainsi que la quantité d'autre bois nécessaire pour compléter leur chauffage; tout le bois nécessaire aux boisseliers et cuvéliers pour exercer leurs professions; les chablis ou arbres déracinés et abattus par le vent; un certain nombre d'arbres par ménage pour les transformer en planches, et l'usage gratuit des scieries pendant le temps exigé pour cette transformation; le droit de prendre, à un prix d'estimation, qui ne pouvait être que minime, tout le bois de chauffage, peut-être même de service, provenant des cantons qu'il conviendrait aux propriétaires ou seigneurs d'exploiter; enfin, la faculté de vendre, au lieu d'en faire emploi par eux-mêmes, la portion du bois qui leur serait délivré pour leur chauffage ou pour être réduit en planches. A les juger par cette énumération, il semblerait que des droits pareils dussent constituer une fortune à ceux à qui ils étaient conférés; il n'en est rien; ils n'ont jamais pu assurer à une population, cependant dure au travail, sobre et d'habitudes réglées, l'étroit et indispensable nécessaire de la vie, ni laisser aux propriétaires du sol, grevé de toutes ces charges, quelque chose qui pût ressembler à un revenu. Les temps ont changé, les produits ont augmenté de valeur; mais il en a été de même des choses que réclame la satisfaction des besoins, et on dirait que plus les conditions de l'existence s'améliorent ailleurs, plus la vie devient difficile dans le Comté de Dabo. Les frais de mise en valeur, par l'exploitation, de ce qui, les usages servis, reste au Domaine, successeur des comtes de Linange, sont si considérables, que le propriétaire a le plus souvent mieux aimé conserver sur pied que d'exploiter ce qu'il n'était pas obligé d'abattre pour l'acquit des charges auxquelles il est assujetti. On le comprend, quand on va au fond de cette situation pour l'étudier. D'une part, le sol arable du comté, étant fort maigre par sa constitution, ne produit un peu qu'à force de travail; il ne pourrait produire davantage qu'à la condition que l'homme en modifierait, pour ainsi dire, la nature par des amendements et des engrais qui demanderaient là au laboureur, ce qui lui manque, des capitaux; de l'autre, il est d'une si faible étendue qu'en le supposant aussi riche que la nature, les capitaux et le travail auraient pu le faire ou le rendre, il ne pourrait jamais suffire à l'alimentation de ceux qui y résident; l'habitant est donc obligé de demander au travail de la forêt, par le façonnage des bois, les autres moyens de subsistance que la culture ne saurait lui offrir; mais ici les forêts lui font encore défaut comme la terre; il n'y trouve habituellement à travailler que pour son compte par la mise en œuvre ou l'appropriation de son propre émolument; l'État, obligé par son titre de lui livrer le bois à vil prix, s'il lui convient de l'acheter dans les exploitations qu'il ouvrirait pour son compte, et ne pouvant s'y assurer un émolument suffisant pour excéder d'un peu ses frais, par la vente des bois qu'on lui laisserait, n'en ouvre point; en effet, ces bois sont d'une traite extrêmement dispendieuse dans un pays qui n'est point pourvu d'un système complet de voies de communication, et le Domaine ne saurait songer à établir ce système dans un état de choses, où sa construction réclamerait un capital dont le produit des coupes ne couvrirait pas les intérêts; il arrive de là que l'État renonce à introduire dans le régime de sa propriété des améliorations qui ne lui profiteraient pas, et que les usagers en sont réduits, les moins maltraités de la fortune, à végéter dans un état qui est tout au plus la médiocrité, ses délaissés à lutter constamment contre la misère sans pouvoir la vaincre, et, pour vivre au jour le jour, à vendre, à vil prix, à des trafiquants forains la plus grande partie de leur émolument. Attachés à la terre par le lien si puissant de l'amour du sol natal, par ceux de la famille, surtout par la considération de ces avantages et de ces droits héréditaires qui, sont, pour eux, le patrimoine de leurs pères, et qui ne tiennent, pourtant qu'à demi, dans la pratique, ce qu'ils promettent dans le titre, ils restent, sans oser les quitter, dans ces hameaux où ils sont nés, mais ils y restent bien moins la plupart pour y vivre que pour y souffrir. Enchaînés l'un à l'autre par les clauses d'un titre généreux et fécond en bienfaits pour le temps où il a été dressé, mais devenu presque tyrannique et stérile dans des jours dont ils n'ont pu prévoir les difficultés et les besoins, l'usager et le propriétaire s'agitent sans cesse dans un cercle de misères et de pertes, dont ils ne paraissent pas devoir sortir tant qu'ils ne demanderont pas à la justice et à la loi de le briser, en modifiant profondément les conditions et le régime de leur association. C'est la liberté, qui leur manque, qui fait le malheur de leur situation; c'est la gêne, qui entrave, dans son exercice, chacun des droits propres à la propriété ou assis sur elle, qui l'empêche de porter tous ses fruits.

Il paraît qu'on la senti, et la partie au profit de laquelle la loi a consacré ce droit, l'État, veut user de la faculté de provoquer le cantonnement des usages des communes du Comté de Dabo sur son domaine; de concert avec ces communes et en recourant, le cas échéant, à l'intervention souveraine de la justice, il va faire procéder à l'évaluation des droits des usages et à un rachat qui aura, pour résultat, de faire résoudre ces droits en une portion de la propriété, et de libérer ainsi ce qui lui en restera de toutes les charges dont elle est maintenant grevée. Quelle qu'elle soit, il est permis de présumer que du moment qu'elle lui aura été dévolue avec les conditions d'une pleine et entière indépendance, la part de chacun lui deviendra plus profitable que lorsqu'elle était engagée dans les inextricables liens de l'indivision. On ne saurait porter à moins de 15 millions la valeur des 13 262 hectares de forêts grevés de ces usages, ni à moins de 400 000 à 500 000 francs le revenu dont ils sont susceptibles; qu'on fixe à quelque prix qu'on veuille la portion du capital qui reviendra aux individus, aux communes ou à l'État, dès que le propriétaire de la portion de forêt qui la représente en sera devenu le maître, il saura bien trouver le moyen de lui faire rendre tout ce qu'il sera possible à l'industrie humaine, éveillée par l'intérêt, d'en obtenir : la spéculation s'en mêlera; les capitaux viendront s'offrir à la propriété pour en améliorer le régime, ou accroîtront son prix, en l'achetant sous l'influence de la recherche et de la concurrence; l'État, les communes ou les détenteurs de ses portions les plus considérables, certains de rentrer promptement dans leurs avances par l'effet d'une vente meilleure de leurs produits, ne manqueront pas de les mettre à la portée de chacun par l'ouverture de voies nouvelles d'exploitation et de communication. Des routes, où circuleront les voitures, sillonneront ces forêts où l'on remarque à peine la rare empreinte des pas de l'homme, et, grâce au voisinage d'un canal de navigation et d'un chemin de fer auxquels elles aboutiront, elles conduiront au seuil de tout le monde ces produits qui ne paraissent encore accessibles à personne; de ce dont on ne retire pas toujours un revenu de 1 pour 100, on en obtiendra facilement un de 3 ou de 4; des industries plus savantes et plus lucratives disputeront à la boissellerie une matière dont elle ne tirait qu'une grossière vaisselle; les cours d'eau de la contrée continueront à y mettre en mouvement les scieries nécessaires à la confection des planches, mais ils utiliseront, au profit de toutes ces industries qui ont peuplé de leurs établissements jusqu'aux moindres gorges de la chaîne des Vosges, un excédent de force qui jusqu'alors restait perdu pour l'homme; des manufactures viendront s'y asseoir, et les bras, oisifs ou employés à un travail mal rétribué une partie de l'année, y trouveront une occupation régulière et un salaire en rapport avec la valeur des produits sortis de la main-d'œuvre; les capitaux se formeront ainsi sur place et tendront sans cesse à s'accroître par le commerce et par l'épargne. La terre en profitera aussi; d'eux-mêmes ils viendront s'offrir à l'agriculture; elle les emploiera pour faire subir au sol, par les perfectionnements de la culture, les procédés d'assainissement, les engrais et les amendements, des transformations qui changeront, pour ainsi dire, sa nature et multiplieront indéfiniment ses produits. La Providence n'a pas été plus avare de ses bienfaits pour le Comté de Dabo que pour les autres vallées des Vosges auxquelles il confine; en le couvrant de forêts, en y mêlant des pâturages et quelques terres arables, en y faisant couler de nombreux cours d'eau, elle lui a ouvert une source où il pourra bientôt, pourvu que l'homme s'y prête, puiser les richesses qu'étalent maintenant, dans leurs magnifiques établissements, les vallées de Schirmeck, de Rothau, de Plainfaing, de Cornimont, de Sainte-Marie-aux-Mines, de Saint-Amarin, du Val-d'Ajol, de Ramonchamp, de Saulxures et de Vagney.

Il peut donc sortir de la pratique des usages, que nous venons de décrire, et du gouvernement des intérêts civils d'une contrée si obscure une leçon qui pourrait bien n'être pas sans utilité pour la politique, au sein des plus grands États. De l'ensemble des faits que nous venons d'étudier, il serait, en effet, peut-être permis de conclure qu'il en est des sociétés comme des individus, qu'il faut souvent se borner à les conseiller ou à les protéger pour les conduire, et que c'est les mener, et non pas leur servir de guide, que de supprimer leurs volontés en contenant tous leurs mouvements; que souvent c'est émousser et même détruire, chez les uns comme chez les autres, le stimulant le plus actif du travail, que d'entreprendre de pourvoir à tous leurs besoins, sous prétexte de les prévenir, et qu'il y a au moins autant de danger à faire trop qu'à faire trop peu pour eux. Entre ces deux excès, la sagesse sait trouver un juste milieu; c'est l'expérience qui le lui découvre avec l'aide du temps plutôt que la raison ne le lui révèle, en s'en fiant à ses seules inspirations. Cette exacte mesure dépend essentiellement du tempérament, et le tempérament a besoin d'être longuement étudié pour être connu. Il n'y a que Minerve qui ait pu venir au monde tout armée de force, de sagesse et de vertu : aussi la Fable en avait-elle fait la fille du maître des Dieux.

Un magistrat d'une grande droiture et d'une haute intelligence l'a parfaitement compris, et pénétrant, de longue main, au cœur de cette situation, il a prêté son concours pour aider à la dénouer. Tout doit finir par des jugements et des arrêts; ici il les a préparés, et, intervenant à temps au nom de la justice, M. le président Maurice amènera tous les intéressés à les accepter.

Cela était écrit en 1866. Depuis cette époque la souveraineté du Comté de Dabo a passé dans d'autres mains; elles ont achevé l'œuvre que M. le président Maurice avait commencée; maintenant l'homme doit s'enrichir sur un sol où il végétait à peine, et les forces de la nature, habilement utilisées, y font régner au profit de tous le bien-être et la liberté.

FIN

TABLE DES MATIÈRES

Coulommiers. — Imp. Paul BRODARD.

LITTÉRATURE POPULAIRE

ÉDITION A 1 FRANC 25 C. LE VOLUME, FORMAT IN-16

Agassiz (M. et Mme). *Voyage au Brésil.*
Aunet (Mme, Léonie d'). *Voyage d'une femme au Spitzberg.* 1 vol.
Badin (Ad.). *Duguay-Trouin.* 1 vol.
— *Jean-Bart.* 1 vol.
Baines (Th.) *Voyage dans le sud-ouest de l'Afrique.* 1 vol.
Baker (S.-W.). *Le lac Albert.* 1 vol.
Baldwin. *Du Natal au Zambèze,* 1851-1866.
Barrau (Th.-H.). *Conseils aux ouvriers.*
Bernard (Fréd.). *Vie d'Oberlin.* 1 vol.
Bonnechose (E. de). *Bertrand du Guesclin.* 1 vol.
— *Lazare Hoche.* 1 vol.
Bourde. *Le patriote.* 1 vol.
Burton (le capitaine). *Voyages à la Mecque.*
Calemard de la Fayette. *Peau-de-Bique ou la Prime d'honneur.* 1 vol.
— *L'agriculture progressive.* 1 vol.
Carraud (Mme). *Une servante d'autrefois.*
— *Les veillées de maître Patrigeon.* 1 vol.
Charton (Ed.). *Histoire de trois enfants pauvres.* 1 vol.
Corne (H.). *Le cardinal Mazarin.* 1 vol.
— *Le cardinal de Richelieu.* 1 vol.
Corneille (Pierre). *Chefs-d'œuvre.* 1 vol.
Deberrypon (Martial). *La boutique de la marchande de poissons.* 1 vol.
— *La boutique du charbonnier.* 1 vol.
Duval (Jules). *Notre pays.* 1 vol.
Ernouf (baron). *Histoire de trois ouvriers*
— *Deux inventeurs célèbres.* 1 vol.
— *Denis Papin.* 1 vol.
— *Les inventeurs du gaz et de la photographie.* 1 vol.
— *Pierre Latour du Moulin.* 1 vol.
— *Histoire de quatre inventeurs français.*
Flammarion. *Petite astronomie descriptive.* 1 vol.
Fonvielle (W. de). *Le glaçon du Polaris.* 1 vol.
— *Les drames de la science.* 2 vol.
— *La mesure du mètre.* 1 vol.
— *La pose du premier câble.* 1 vol.
Franck (A.). *Morale pour tous.* 1 vol.
Franklin. *Œuvres.* Trad. Laboulaye. 5 vol.
Gœpp et Ducondray. *Le patriotisme en France.* 1 vol.
Guillemin (Amédée). *Petite encyclopédie populaire,* illustrée. 12 vol.
— *La lune.* 1 vol.
— *Le soleil.* 1 vol.
— *La lumière.* 1 vol.
— *Le son.* 1 vol.
— *Les étoiles.* 1 vol.
— *Les nébuleuses.* 1 vol.
— *Les comètes.* 1 vol.
— *Le feu souterrain.* 1 vol.
— *Le télégraphe et le téléphone.* 1 vol.
— *Le beau et le mauvais temps.* 1 vol.
— *Les météores électriques et optiques.* 1 vol.
Guillemin (Amédée). *Les machines à vapeur et à gaz.* 1 v.
Hauréau (B.). *Charlemagne et sa cour.* 1 v.
Hayes (Dr I.-I.). *La mer libre du pôle.* 1 v.
Homère. *Les beautés de l'Iliade et de l'Odyssée.* 1 vol.
Joinville (le sire de). *Histoire de saint Louis.* 1 vol.
Jouveaux (Emile). *Histoire de quatre ouvriers anglais.* 1 vol.
— *Histoire de trois potiers célèbres.* 1 vol.
Jouault. *Abraham Lincoln.* 1 vol.
— *George Washington.* 1 vol.
Labouchère (Alf.). *Oberkampf.* 1 vol.
Lacombe (P.). *Petite histoire du peuple français.* 1 vol.
La Fontaine. *Fables.* 1 vol.
Lanoye (Fr. de). *Le Nil.* 1 vol.
Le Loyal Serviteur. *Histoire du gentil seigneur de Bayard.* 1 vol.
Lescure (de). *Vie de Henri IV.* 1 vol.
Livingstone. (Charles et David). *Explorations dans l'Afrique centrale.* 1 vol.
— *Dernier Journal.* 1 vol.
Mage (E.). *Voyage dans le Soudan occidental.* 1 vol. avec une carte.
Meunier (Mme H.). *Entretiens familiers sur l'hygiène.* 1 vol.
— *Entretiens sur la Botanique.* 1 vol.
Milton (le Vte) et le Dr W-B. **Chealde**. *Voyage de l'Atlantique au Pacifique.* 1 v.
Molière. *Chefs-d'œuvre.* 2 vol.
Mouhot. *Voyage à Siam, dans le Cambodge et le Laos.* 1 vol.
Müller (Eug.). *La boutique du marchand de nouveautés.* 1 vol.
— *La machine à vapeur.* 1 vol.
Palgrave (W.-G.). *Une année dans l'Arabie centrale.* 1 vol. avec carte.
Passy. *Les machines.* 1 vol.
Pfeiffer (Mme Ida). *Voyage autour du monde.* 1 vol.
Piotrowski (R.). *Souvenirs d'un Sibérien.*
Racine (Jean). *Chefs-d'œuvre.* 1 vol.
Rambaud. *Histoire de la Révolution française.* 1 vol.
Reclus (E.). *Les phénomènes terrestres.*
I. *Les continents.* 1 vol.
II. *Les mers et les météores.* 1 vol.
Rendu (Victor). *Principes d'agriculture.* 2 vol.
— *Mœurs pittoresques des insectes.* 1 vol.
Salmon. *Questions de morale pratique et populaire.* 1 vol.
Schweinfurth (Dr). *Au cœur de l'Afrique.*
Shakspeare. *Chefs-d'œuvre.* 3 vol.
Speke. *Les sources du Nil.* 1 vol.
Stanley. *Comment j'ai retrouvé Livingstone.* 1 vol.
Vambéry (Arminius). *Voyage d'un faux derviche dans l'Asie centrale.* 1 vol.
Wallon (de l'Institut). *Jeanne d'Arc.* 1 vol.

Coulommiers. — Typ. Paul BRODARD.

www.ingramcontent.com/pod-product-compliance
Ingram Content Group UK Ltd.
Pitfield, Milton Keynes, MK11 3LW, UK
UKHW012218240726
13966UKWH00003B/828